Walter van Laack

Vorträge & Einsichten

Weltbilder gestern und heute – Was bleibt und worüber lacht man morgen?

Autor

Prof. Dr. med. Walter van Laack

Facharzt für Orthopädie & Orthopädische Chirurgie, Physikalische Therapie,
Sportmedizin, Chirotherapie und Akupunktur,
Hochschullehrer, Buchautor, Verleger

Umschlag

Gestaltet von meinem Sohn Martin van Laack, M.Sc.
Master of Science in Architektur (RWTH-Aachen)

© 2019 by **Prof. Dr. Walter van Laack**
van Laack Buchverlag, D-Aachen
www.vanLaack-Buch.de - www.van-Laack.de
www.Nahtoderfahrung.info

Druck & Vertrieb durch Book-on-Demand (BoD)
In de Tarpen 42, D- 22848 Norderstedt; Fax +49-40-53433584
info@bod.de - www.bod.de

978-3-936624-44-1

9 783936 624441

Weltbilder gestern und heute –
Was bleibt und worüber lacht man morgen?

Nach einem Vortrag von Prof. Dr. Walter van Laack
am 22. Juni 2019 in Fulda

Schon früh in meinem Leben wurde ich mit dem Tod konfrontiert. Zunächst geschah das über mir sehr nahe stehende und geliebte Menschen. Doch auch ich selbst war dem Tod bereits in jungen Jahren und auch später noch ein paar Mal ziemlich nahe. Vielleicht hatte ich in meinem Leben genau deshalb mehrfach das Glück, eine Reihe von Erfahrungen machen zu dürfen, die man heute allgemein „spirituelle Erfahrungen" oder fachchinesisch, „Außergewöhnliche Bewusstseinserfahrungen (ABE)" nennen kann. Schon vor meinem 30. Lebensjahr hatte ich deshalb das Bedürfnis, mich näher mit dem Thema Tod zu beschäftigen – für einen jungen Menschen sonst sicher sehr ungewöhnlich. Die damalige Sicht auf unsere Welt war – und ist es in der Regel auch heute noch – „reduktionistisch" und „materialistisch": Danach ist unser Tod auch unser Ende und somit natürlich auch definitiv das Ende unserer Persönlichkeit. Das, was wir unseren Geist und unser Bewusstsein nennen, sind lediglich Produkte unseres materiellen Gehirns.
In der Philosophie nennt man sie „Epiphänomene". Natürlich stirbt dann alles, wenn wir sterben. Das Gefühl, ein „Ich" und damit eine individuelle Persönlichkeit zu besitzen, ist demgemäß pure Illusion, der Begriff „Seele" eine liebevolle religiöse Fantasie.

Mein damaliges Weltbild kam dieser Sichtweise zumindest in weiten Teilen recht nahe und das, obwohl ich christlich erzogen worden war. Jedoch erst meine eigenen „spirituellen" Erfahrungen und die frühen Konfrontationen mit dem vielleicht sogar nahen eigenen Tod ließen mich aufbrechen, nach Erkenntnissen zu suchen, die dieses „moderne Weltbild" vielleicht doch erschüttern konnten:

Denn selbst wenn ich diesen Zeitgeist damals weitgehend teilte – glücklich war ich damit nie. Wer kann das auch sein, der hinnehmen muss, sein Glaube an sich selbst sei im Grunde genauso unsinnig wie jede Hoffnung darauf, dass nach dem Tod noch etwas käme, selbst wenn sie zunächst kaum begründet zu sein schien? Eine aus wissenschaftlicher Sicht für die meisten heute immer noch kaum haltbare Hoffnung darauf vermitteln uns im Grunde alle Religionen. Im 18. Jahrhundert hatte der deutsche Philosoph Immanuel Kant (1724-1804) jedoch festgestellt, dass sie uns kaum weiterhelfen könnten, sobald man im Sinne des aufkeimenden „Empirismus", heute spricht man von Naturwissenschaften, „wissender" würde.

Keine Religion lieferte ihm wirklich brauchbare Erkenntnisse. Da aber die Naturwissenschaften heute, und das durchaus mit einigem Recht, für sich reklamieren, „ungeheuer viel wissender in immer kürzerer Zeit" zu werden, hat das für viele Menschen heute zufolge, diesen oft nur noch blindlings zu folgen. Damit geht ihnen aber auch jeglicher Glaube an die eigentlichen Kernelemente aller Religionen verloren. Zu diesen gehört insbesondere der Glaube an (irgend-) eine Form des Überlebens des eigenen Todes.

Solcherlei Vorstellungen werden heute bestenfalls noch milde belächelt. Das aktuelle und in der breiten Öffentlichkeit medial präsentierte wissenschaftliche Weltbild ist in dieser Hinsicht von meinem in den 1970er Jahren kaum zu unterscheiden.

Auch heute gilt daher unverändert: „Wer stirbt, ist dann tot!" Das ist allgemeiner Konsens.

Mein im Jahr 2003 in erster Auflage veröffentlichtes Buch hatte ich deshalb provokativ *„Wer stirbt, ist NICHT tot!"* genannt. Und mein bereits 1999 veröffentlichtes umfassendes Erstlingswerk nannte ich *„Plädoyer für ein Leben nach dem Tod und eine etwas andere Sicht unserer Welt"*[1]. An meiner damals schon deutlich gezeigten, längst neuen und völlig gegensätzlichen Sichtweise hat sich bis heute trotz der seither großen naturwissenschaftlichen und auch medizinischen Fortschritte nichts mehr geändert.

---

[1] siehe bibliographische Daten auf meiner aktuellen Buchliste am Ende des Beitrags

Im Gegenteil, sie hat sich sogar immer weiter verfestigt. Inzwischen bin ich seit Jahrzehnten davon überzeugt und glaube auch, das über die Grenzen zahlreicher Fachbereiche breit und in sich schlüssig begründen zu können, dass unser „Ich" eben keine Illusion ist und genauso real existiert wie unser „Geist" und unsere ganze individuelle „Persönlichkeit".

Letztere ist, sehr vereinfacht gesagt, das Sammelbecken all unserer persönlichen und allgemeinen Erfahrungen, all unserer Gedanken, Gefühle, Emotionen und die unser Leben begleitenden Handlungen sowie allen im Laufe unseres Lebens erworbenen, sehr vielfältigen Wissens. *In dem Moment, wo wir „hier" sterben, nenne ich die bis dahin so gereifte Persönlichkeit unsere „Seele".*

Die Seele eines Verstorbenen lebt – aus ihrer Perspektive – nach dem für ihre Hinterbliebenen leider zu ertragenden Tod ohne jede Zäsur weiter. Dabei beginnt sie ein völlig neues Leben in einer für uns heute kaum realitätsnah vorstellbaren und auch nur im weitesten Sinn annähernd beschreibbaren, dennoch dann genauso real wahrgenommenen neuen Welt, Existenzebene oder Dimension. Der Tod ist folglich bloß ein Tor zu etwas wirklich ganz Neuem.

Alle Worte, diese neue Welt auch nur annähernd zu beschreiben, taugen wohl kaum. Auch diejenigen, die glauben, für sich in Anspruch nehmen zu können, durch eigene spirituelle Erfahrungen hätten sie vielleicht ein paar kurze und kleine Blicke hinter den Vorhang in und auf diese reale neue Welt gerichtet, helfen uns nicht wirklich weiter.

Metaphorisch betrachtet müssen ihre Beschreibungen schon daher versagen, weil diese neue Welt genauso unbegreiflich ist wie für eine Raupe die Welt ihres späteren Lebens als Schmetterling – immer unterstellt, sie wäre zu einem Begreifen grundsätzlich fähig.

Das gilt selbst für alle Menschen, die dem Tod noch von der Schippe springen konnten und in dieser Phase eine Nahtoderfahrung hatten. Und es gilt auch für jene, die mehr oder weniger gut begründet von sich annehmen, besondere mediale Begabungen zu besitzen und sich deshalb in der Lage glauben, mit Verstorbenen wie auch immer in Kontakt treten zu können.

Dieses neue Leben, das nach meiner wohl begründeten Ansicht auf uns alle nach unserem „Tod" wartet, ist tatsächlich in jeder Hinsicht neu in einer für uns auch völlig neuen Welt, für die uns schon daher geeignete Worte fehlen müssen, sie beschreiben zu können. Genausowenig glaube ich auch, dass es eine spätere (fleischliche) Wiedergeburt in einem bloß neuen Körper auf dieser Erde gibt, d.h. in der uns bereits bekannten Dimension, so wie von manchen fernöstlichen Religionen, vor allem aber heute von den meisten Vertretern der Esoterik angenommen wird.

Diese persönlichen Überzeugungen haben sich im Laufe von ein paar Jahrzehnten immer weiter verfestigt, nicht obwohl, sondern *weil* ich mich seither mit allen Fachbereichen, die hierzu etwas beitragen können, sehr intensiv beschäftigt habe. Dazu gehören zum einen die vielen großen Religionen sowie zahlreiche mystische Überlieferungen und Vorstellungen in der Philosophie, genauso wie die sehr bunt gefächerten Anschauungen in der modernen Esoterik. Zum anderen haben natürlich alle tatsächlich verifizierbaren Phänomene, Messungen und Beobachtungen der Naturwissenschaften und in der Medizin einen ganz besonderen Stellenwert. Allerdings konnte ich dabei immer wieder feststellen, dass viele ihrer Schlussfolgerungen meist *einseitig* und ohne Blick über die Tellerränder der eigenen Fachbereiche gezogen wurden und weiter werden. Zudem wird jedes neue Ergebnis gerne von vornherein so interpretiert, dass es gut in den allgemeinen Konsens aktueller Weltauffassungen zu passen scheint. Gar nicht so selten wird dazu sogar Unpassendes „passend gemacht" – oder einfach aussortiert. Verständlicherweise kann folglich die von mir hier immer wieder unmissverständlich vertretene und authentische Ansicht, wir alle überleben unseren Tod unmittelbar mit unserer Seele, als der bis zu diesem Moment das ganze Leben lang herangereiften, gesamten individuellen Persönlichkeit, nicht mit dem heute aktuellen Weltbild übereinstimmen. Das heißt aber auch, sollte ich recht haben, sind sehr viele von den vor allem von den großen Medien unserer Zeit nur allzu oft kritiklos verbreiteten „Mainstream-Vorstellungen" schlichtweg falsch. Ich bin der Überzeugung, Letzteres stimmt. Deshalb möchte ich Ihnen im Folgenden exemplarisch zunächst ein paar frühere und dann auch aktuelle Weltbilder präsentieren, über die man heute schon lacht und wohl in Zukunft noch lachen wird.

Wundersame Beispiele von Weltanschauungen

Was amüsieren wir uns darüber, dass man im Mittelalter angeblich noch geglaubt habe, die Erde sei eine Scheibe. Doch tatsächlich wusste man schon vor über zweieinhalbtausend Jahren, dass die Erde eine Kugel ist (z.B. Pythagoras, 570-510 v.Chr). Vermutlich war es der griechische Astronom Erastothenes von Kyrene (276-194 v.Chr.), ein halbes Jahrhundert lang Leiter der berühmten Bibliothek von Alexandria, der sogar ihren Umfang recht genau ermittelt hatte. Selbst heute gibt es manche Zeitgenossen, die ernsthaft glauben, die Erde sei eine Scheibe – allen Gegenbeweisen zum Trotz.[2]

Weil wir in unseren Breiten eine meist christliche Gesellschaft sind, und ihr ältester Teil, der römische Katholizismus, auf Apostel Petrus „fußt", hier ein ganz anderes Beispiel: Danach steht der Petersdom in Rom auf seinem Grab. Zumindest wird in seinen Katakomben ein entsprechendes Grab gepflegt. Petrus sei von dem tyrannischen römischen Kaiser Nero (37-68 n.Chr.), der ja im Jahr 64 v.Chr. selbst Rom angezündet haben soll, im Rahmen einer dann systematischen Christenverfolgung als Märtyrer mit seinem Kopf nach unten gekreuzigt und bestialisch zu Tode gefoltert worden.
Moderne Untersuchungen zeigen gleichwohl, dass hiervon kaum etwas stimmen dürfte. Nero war natürlich wie so viele Herrscher in der Geschichte beileibe kein Heiliger, aber trotz der damals fast schon üblichen Meuchelmorde vor allem innerhalb der eigenen

---

2 Beispiel: Telefonat von „Manuel" bei „Domian", WDR-TV (2016). Und die „Flat Earth Society" ist eine 1956 gegründete Organisation in den USA, die auch heute trotz naturwissenschaftlicher Gegenbeweise die Ansicht vertritt, die Erde sei flach.

Verwandtschaft, um entweder an die Macht zu kommen oder sie zu sichern, scheint er dennoch kein Tyrann gewesen zu sein (so auch der Mord an seiner eigenen Mutter Agrippina der Jüngeren, 15-59 n.chr., Gründerin und Patronin meiner Heimatstadt Köln, die selbst umtriebig im Töten unliebsamer Zeitgenossen war).

Vielmehr hatte er Rom sogar lange Zeit kulturell vorangebracht. Ebensowenig war er wohl ein systematischer Christenverfolger, wie gerne behauptet wird. Im Gegenteil, unter Nero war zumindest bis zu jenem Brand jeder ziemlich frei darin, seinem eigenen Glauben nachzugehen, sofern er das nicht missionarisch und in der breiten Öffentlichkeit tat. Als dann in Rom der Brand 64 v.Chr. ausbrach und große Teile dieser damals größten Stadt zerstörte, weilte Nero gut 50 km entfernt am Meer in seiner Sommerresidenz Antium und hatte ihn wohl weder gelegt, noch legen lassen.

Natürlich mussten anschließend Schuldige für diese Katastrophe gefunden werden. Das führte schnell auch zu einigen Bauernopfern unter den Christen, die wegen ihrer häufigen Missionartätigkeiten nicht unbedingt beliebt waren. Alle wurden „zur Strafe" öffentlich und barbarisch hingerichtet. Ziemlich sicher aber war Petrus nicht darunter. Es ist sogar nicht einmal sicher, ob er überhaupt jemals in Rom gewesen war.[3] Übrigens wurde Rom schon bald danach durch Nero wieder aufgebaut, offenbar besser und schöner als zuvor und sogar ausgestattet mit damals neuen Brandschutzvorkehrungen.

An dieser Stelle erlauben Sie mir, auf ein sehr interessantes Buch des Theologen Enno E. Popkes von der Universität Kiel aufmerksam zu machen, der erstmals 2017 auch auf meinem NTE-Seminar in Aachen referiert hat.[4] Würde man den Worten des Apostels Thomas schon immer mehr Glauben geschenkt und ihn nicht in anderen Evangelien als den „Ungläubigen Thomas" abqualifiziert haben, das frühe Christentum hätte womöglich eine ganz andere Geschichte genommen. Denn nach Thomas hat sich der historische

---

[3] Varia, z.B. Prof. Otto Zwierlein (*1939), deutscher Historiker, Altphilologe
[4] Popkes, Enno E., „Jesus als Begründer eines platonischen Christentums – Die Botschaft des Thomasevangeliums", Kieler Akademie für Thanatologie (2019)

Jesus wohl selbst niemals als Gott gesehen, sondern war sich seines Menschseins wohl bewusst. „Gottes Sohn" zu sein, scheint für ihn danach wohl das bedeutet zu haben, was auch nach meiner eigenen Überzeugung für alle Menschen und natürlich beiderlei Geschlechts gelten dürfte: „Kinder Gottes" zu sein bedeutet, ein ganz bewusst lebendes Geschöpf in diesem Universum zu sein und zu erkennen, dass hinter allem eine für uns in jeder Hinsicht unbeschreibliche, alles überragende „göttliche Einheit" steht, ohne *„dessen+deren"* bedingungslose Liebe es in dieser Welt rein gar nichts gäbe.

Daraus aber erwächst für jeden von uns auch unmittelbar eine konkrete und persönliche Verantwortung, die ich am Ende meines Vortrags noch einmal sehr deutlich hervorheben werde.

Diese nur wenigen Beispiele sollen hier genügen. Unzählige Mythen finden sich verteilt über die Jahrtausende und keiner sollte glauben, nur die modernen Naturwissenschaften seien davor gefeit.

Sie glauben das nicht? Dann auch hier nur ein paar wenige Beispiele sogenannten „modernen Wissens":

Fangen wir einfach mit dem Urknall an. Längst gilt er heute als „gesichertes Wissen" und jeder, der ihn anzweifelt, ist für viele nur ein verschrobener und weltfremder Verschwörer. Worauf also gründet er, und wie wahrscheinlich scheint es ihn tatsächlich jemals gegeben zu haben?

Im Wesentlichen sind es zwei Beobachtungen, die ihn stützen sollen. Bereits in den 1920er Jahren hatte man festgestellt, dass sehr weit von unserer Erde entfernte Himmelskörper „roter" sind als nähere. Rotes Licht ist langwelliger. Wenn man ein Fahrzeug mit Martinshorn vorbeirasen sieht, wird beim Herannahen ein zunächst hoher Ton schnell immer tiefer, je weiter sich das Fahrzeug danach wieder von einem entfernt.[5] Die Luftwellen werden langwelliger.

Der belgische Priester und Physiker Georges Lemaitre[6] hatte damals die Idee, dass wenn es weit draußen im Universum viel mehr „rot

---

[5] Doppler-Effekt, nach Christian Doppler (1803-1859), österr. Mathematiker & Physiker
[6] Georges E. Lemaitre (1894-1966), belgischer katholischer Priester & Astrophysiker

strahlende" Himmelskörper gibt, sie sich wohl auch voneinander entfernten.[7] Dann aber sollten sie auch irgendwann einmal vor sehr langer Zeit in einem Ur-Punkt vereinigt gewesen sein, in dem bereits jede Information steckte, die den Kosmos heute ausmacht. Die Schöpfung der Welt am Anfang durch Gott schien damit eine neue, nun sogar wissenschaftlich begründete Basis zu bekommen. Spöttisch wurde diese These später „Big-Bang" genannt.[8] Die Urknallhypothese war geboren.

Im Jahr 1964 entdeckte man zum ersten Mal eine überall im Weltall überaus gleichmäßig verteilte Wärmestrahlung, die (Mikrowellen-) Hintergrundstrahlung (HGS).[9] Seither gilt der Urknall praktisch als (vermeintliche) Tatsache; denn nun nahm man an, die knapp über dem sog. absoluten Nullpunkt liegende Temperatur des Universums von nur $2,73...K^{10}$ sei das Ergebnis einer Abkühlung aus diesem unbeschreiblich heißen „Urknall" nach etwa 300 Tausend Jahren. Heute datiert man den „Urknall" auf ziemlich genau 13,8 Milliarden Jahre zurück. Aus einer ursprünglich auch religiös motivierten Idee von Lemaitre wurde so vermeintliches „Wissen", zumal man nun daran ging, mathematische Modelle zu entwickeln, um diese Vorstellung zu stützen. Nicht selten schoss man dabei aber über das Ziel hinaus, fügte zum Beispiel „Konstanten" ein, deren Konstanz sich nachher als trügerisch erwies. Man scheute sich dann jedoch nicht, sie neu „anzupassen" und scheint so immer mal wieder die Realität etwas verbogen zu haben. Nur reflektiert das heute kaum mehr jemand. Außerdem scheint sich auf diese Weise weltweit gut Geld verdienen zu lassen und manch ein Nobelpreis einzuheimsen. Wenn ein angesehener Wissenschaftler solcherlei Mythen verfolgt – und nichts anderes scheint mir auch der Urknall zu sein – sich aber

---

[7] von dem amerik. Astronom Edwin P. Hubble (1889-1953) durch Beobachtung gestützt
[8] spöttisch gemeint von Fred Hoyle (1915-2001), engl. Astronom & Mathematiker
[9] Arno Penzias (*1933), deutsch-amerikanischer Physiker; Robert W. Wilson (*1939), US-amerikanischer Physiker
[10] K = Temperatureinheit „Kelvin", also etwas mehr als -270° C. Die Pünktchen hinter Zahl sollen zeigen, dass es sich um eine unendliche Zahl handelt.

erfolgreich zu einem Sprachrohr seiner Zunft aufschwingen kann, dann laufen ihm schnell alle anderen hinterher, insbesondere gerne auch viele sehr einflussreiche und breit aufgestellte Medien.

Mit der Zeit fand man aber immer mehr Ungereimtheiten aufgrund neuer Phänomene und Beobachtungen. Deshalb traten bald hier und da auch Zweifel am Urknall auf. Doch solchen Zweifeln effektiv zu begegnen, scheint längst Routine zu sein: Man rechnet halt neu und ändert dann auch schon mal vermeintlich naturgesetzte Parameter. Oder man *erfindet* einfach etwas Neues, am besten etwas, das man kaum (oder gar nie?) wird beweisen können. Tatsächlich wissen wir heute über 95% des bekannten Universums *nichts*! Die Erklärungen dafür heißen „Dunkle Materie" und „Dunkle Energie". Beides entzieht sich allerdings jeglicher Beobachtung, selbst wenn man das natürlich nicht offen zugibt und manch abstrus teure Versuche startet, sie endlich zu finden. Doch mit sehr hoher Wahrscheinlichkeit gibt es wohl beides nicht.

Mittlerweile schaut man sogar schon bis in die „Nähe des Urknalls" vor fast 14 Milliarden Jahren und findet nur wenige Jahrmillionen danach bereits ganz ähnlich gestaltete Galaxien wie heute in nur wenigen Millionen Lichtjahren Entfernung. Zudem hat es viele Astronomen erheblich gestört, dass die HGS im ganzen Universum so immens gleichmäßig ist (isotrop). Deshalb war man ungemein froh, plötzlich doch kleinste Schwankungen (sog. Fluktuationen) entdeckt zu haben. Auch wenn diese nur wenige Millionstel Grad ausmachen, so scheint es für viele bis heute den Glauben an einen Urknall zu stützen.

Gleich werde ich auf alternative Ideen zu sprechen kommen.
An dieser Stelle nur vorab soviel: Die Temperatur der HGS liegt mit 2,73... K sehr knapp über dem absoluten Nullpunkt. Hinter dieser Zahl setze ich Pünktchen, da es sich um eine nicht-periodische und unendliche (oder mathematisch: irrationale, eben nicht reelle) Zahl oder Zahlenfolge handelt. Nur die ersten drei Ziffern sind hier aber

entscheidend. Natürlich gibt es unendlich viele mehr. Vielleicht gibt es eine Beziehung zwischen den nachgewiesenen, ganz minimalen Fluktuationen und der Tatsache, dass diese Zahl, welche die Temperatur der HGS beschreibt, keine reelle Zahl ist und unendlich viele Nachkommastellen besitzt?
Und was heißt eigentlich absoluter Nullpunkt?

Tatsache ist, dass es eine minimal mögliche Temperatur gibt, eben diesen „absoluten Nullpunkt", wo dann wirklich alles im ganzen Universum gefrieren und so komplett stillstehen würde. Im ganzen Kosmos gäbe es dann nicht mehr die kleinste Bewegung. Ist also die HGS vielleicht eher eine „minimale Betriebstemperatur", bei der alles gerade anfängt, sich zu bewegen, sich also die erste, kleinste Dynamik zu entwickeln beginnt? Ist dann der HGS-Temperaturwert nicht viel eher eine „Grenze des Machbaren"? Ich nenne es so und werde gleich zeigen, dass es diese Grenze häufiger gibt und auch vielleicht erklären können, wieso.

Wie sieht es nun aus mit dem roten Licht, das weit entfernte – oder doch nur sich immer weiter entfernende (?) – Himmelskörper abstrahlen? Man spricht von einer „Rotverschiebung". Tatsächlich gibt es aber in riesiger Entfernung durchaus eng verbundene und sich unterschiedlich schnell weg bewegende Himmelskörper, die ganz verschiedene Wellenlängen abstrahlen, so etwa rote und blaue zugleich (z.B. verschiedene Galaxienkerne, sog. Quasare)[11]. Und selbst nur das Alter eines Himmelskörpers verändert schon die Wellenlänge des abgestrahlten Lichtes. Apropos Alter: Längst hat man Sterne entdeckt, die eigentlich älter zu sein scheinen als das Universum seit dem für seine Entstehung unterstellten Urknall (z.B. HD140283) oder ganze Quasar-Gruppen, die mit ihrer enormen Größe sämtliche bisherigen Vorstellungen über den Haufen werfen

---

[11] Beispiel: *Galaxie NGC4319*, deren Rotverschiebung auf eine Fluchtgeschwindigkeit von nur 1.700 km/s schließen lässt. Über ein helles Lichtband ist sie jedoch mit dem *Quasar Markarian 205* verbunden. Dessen Rotverschiebung deutet auf eine viel schnellere Fluchtgeschwindigkeit von 21.000 km/s hin.

(z.B. „Große Quasar Gruppe, über 4 Milliarden Lichtjahre lang, entdeckt 2012).[12]
Schließlich sind alle Fragen, zum Beispiel nach den ersten Sekunden des Urknalls oder nach dem, was überhaupt vorher gewesen sein könnte oder wie und woraus ein Urknall entstanden sein soll, in keinster Weise jemals zu beantworten. Sämtliche Vorschläge dazu müssen reine Behauptungen und unbeweisbare Annahmen bleiben. Manches davon ist schon per se unphysikalisch, wie etwa die Annahme von einem dem Urknall zugrundeliegenden, „unendlichen Ausgangspunkt" (Singularität); denn *Unendlichkeit* ist nun einmal nichts Physikalisches. Nichts, aber auch wirklich gar nichts kann uns auf dieser Schiene annähernd wissenschaftlich weiterbringen.

Durchaus zahlreiche renommierte Wissenschaftler haben für die Urknallthese nicht viel übrig. So antworte der emeritierte Professor für Astrophysik an der Universität Bonn, Hans-Jörg Fahr (*1939), einmal in einem Interview auf die Frage, ob er den Urknall für einen Irrtum halte, klar mit „Ja".[13] Und der US-amerikanische Physik-Nobelpreisträger von 1998, Robert Laughlin (*1950), meinte auf dieselbe Frage, der Urknall sei nichts anderes als „Marketing".[14]
Schon was die Entstehung unseres Nachbarplaneten Mond betrifft, hat man sich völlig verrannt: Bis heute glaubt man, er sei vor ein paar Milliarden Jahren durch einen Meteoriteneinschlag aus der Erde herausgeschleudert worden oder gar Folge einer planetaren Kollision. Viele Beobachtungen können beides nicht bestätigen. Als ein wichtiges Beispiel sei hier herausgehoben, dass der eisenhaltige Mondkern einen im Vergleich zum Erdkern erheblich viel kleineren Durchmesser besitzt. Schon das schließt die genannten Hypothesen aus. Sicher dürfte aber auch bemerkenswert sein, dass der Radius des Mondes 0,273... Erdradien, die Mondbeschleunigung auf seiner

---

[12] Für ausführliche Darstellungen und weitere Beispiele muss ich aus Platzgründen auf meine vorherigen Bücher verweisen, siehe meine aktuelle Buchliste am Ende des Beitrags.
[13] Interview in der Zeitschrift P.M. 01/2009
[14] zitiert aus „Der Spiegel", 1/2008

Erdbahn 0,273... (cm/s²) und der Mondumlauf um die Erde vor dem Hintergrund unserer Galaxie 27,3... Tage betragen (siderischer Mondumlauf). Erkennen Sie diese Zahl wieder?

Ordnungszahlen und elementare Geometrie

Merkwürdigerweise stoßen wir immer wieder auf die unendliche (irrationale, nicht reelle) Zahl mit den Anfangsgliedern 273. Zufall? Natürlich wäre das denkbar, aber dann so viele Zufälle auf einmal? Und was hat es mit Zufällen überhaupt auf sich? Dazu später.
Nehmen wir vier identische Kreise, schön zwei nebeneinander und zwei darüber liegend angeordnet. Dann verbinden wir ihre vier Mittelpunkte miteinander. Damit erhalten wir ein Quadrat. Dieses Quadrat umfasst jeden dieser vier Kreise, so auch den, von dem wir anfangs ausgegangen sind. Er wird daher auch Innenkreis genannt. Nun dividieren wir die Oberfläche des jeden Kreis umfassenden Quadrats durch die von seinem Innenkreis. Oder wir dividieren die Quadratfläche des Quadrats durch die Innenkreisfläche. Immer erhalten wir den Wert 1,273... Drehen wir das Ganze herum und dividieren die kleinere Kreisfläche durch die größere Quadratfläche oder den kleineren Kreisumfang durch den größeren Umfang des Quadrats, erhalten wir immer 0,273... In jedem Fall bekommen wir die Zahlenfolge 273... Merkwürdig? Ich habe diese Zahl aus gutem Grund die „Grenze des Machbaren" (GM) genannt.
Neben dieser Zahlenfolge, die womöglich einige wichtige Aussagen über unsere Welt geben kann, gibt es noch eine zweite unendliche, also irrationale oder nicht-reelle Zahl, die ich vorstellen möchte: Es handelt sich dabei um Folge mit den Anfangsgliedern 618... Wieder weisen die Pünktchen auf die unendlich nachfolgenden weiteren Ziffern hin – oder sollte ich vielleicht zunächst metaphorisch sagen, auf die minimalen Fluktuationen, für die sie stehen?
Diese zweite Zahlenfolge entspricht der des „Goldenen Schnitts" (GS). Geometrisch betrachtet ergibt sie sich durch die unendlich fortsetzbare „stetige Teilung" einer Strecke in zwei Teilstrecken, bei

der die ganze Strecke immer in demselben Verhältnis zum größeren Teilstück steht, wie das größere Teilstück zum kleineren. Teilt man das größere Stück durch das kleinere kommt man stets auf 1,618..., umgekehrt auf 0,618...[15]

Schauen wir nun auf unsere Welt und so in die riesigen Weiten des Universums, dann erleben wir, dass sich der Goldene Schnitt überall und immer wieder finden lässt. Er stellt, wie ich es nenne, das „Optimum in unserer Welt" dar: Beispielsweise verhalten sich nach diesem Maß Blumenblätter zueinander genauso wie die Windungen der Gehäuse einer Schnecke. Menschen und Tiere sind nach diesem Maß „gebaut", die Planetenabstände gehorchen ihm ebenso wie die Abstände der Spiralarme unserer Galaxie Milchstraße oder wie die eines Hurrikans über dem Golf von Mexiko. Architekten bauen danach, sonst stünde kein Gotischer Dom oder das Parthenon auf der Akropolis in Athen. Michelangelo malte so seine Mona Lisa, und in der Musik entspricht die reine oder „Goldene Quint" genau diesem Verhältnis innerhalb einer Oktave. In der Mathematik erzielen wir ihn mithilfe der Fibonacci-Zahlen.[16]

Schon 1999 hatte ich in meinem Buch *„Der Schlüssel zur Ewigkeit"* erstmals ein kleines Gedankenspiel angeregt. Lassen Sie uns ein wenig „Schöpfer dieser Welt" spielen und zwar nur mit Hilfe eines Bleistiftes und einem Blatt Papier. Das Blatt bietet uns eine zweidimensionale (Ausgangs-)Fläche. Für unser Spiel gibt es nur drei Vorgaben: 1) So kurz und prägnant wie möglich, 2) Vermehren und 3) Wachsen, beides nach rein logischer Abfolge. Ausgangspunkt ist ein Kreis. Theoretisch könnte er noch so klein sein. Da er auf Papier zu bringen ist, sprechen wir auch von einem „endlichen Punkt".

---

[15] Dass sich diese und weitere wichtige Zahlenfolgen so nur im dezimalen Rechensystem (Dezimalsystem) ergeben, ist vollkommen gleichgültig; denn sie sind allesamt die Folge geometrischer Verhältnisse und somit unabhängig von dem gewählten Rechensystem. Gleichwohl habe ich in zahlreichen Büchern darauf hingewiesen, dass in der Natur das dezimale Rechensystem offensichtlich verankert ist, da einfach und smart. Auch die allermeisten großen Kulturen der Geschichte verwenden es, bzw. haben es verwandt.
[16] nach Leonardo Fibonacci (1170-1240), italienischer Mathematiker, siehe meine Bücher

Wie kann ich diesen Kreis exakt definieren? Am einfachsten ist das mit drei Informationspunkten oder auch drei „Koordinaten", die auf seinem Rund, dem Kreisbogen, liegen. Mit drei (nicht-materiellen) „Informationen" (aus meinem Gedächtnis, Geist, Bewusstsein oder wie auch immer es genannt werden soll) kann ich nun einen ersten, gerne noch so kleinen, aber eben immer endlichen (materiellen) Punkt, d.h. einen Kreis, malen. Die drei Informationspunkte waren als reine Koordinaten dagegen geistiger Natur und sind somit nicht endlich oder materiell.

Wenn ich diesen ersten Kreis nun vermehren möchte, zeichne ich neben ihn noch einen, natürlich in derselben Größe. Streng logisch erhalte ich ihn aber, in dem ich über seinen Radius zur Seite hin zunächst einen um diesen Radius versetzten Hilfskreis zeichne und danach den noch einmal um diesen Radius versetzten, gewünschten zweiten Kreis. Verbindet man die Mittelpunkte der beiden Kreise, so bekomme ich eine endliche und gerade Linie oder „Strecke" (erste Dimension). Der ehemalige Hilfskreis zwischen den Mittelpunkten beider Hauptkreise schneidet natürlich diese beiden Kreisbögen. So lassen sich in jeden der beiden Kreise „Gleichseitige Dreiecke" als neue geometrische Form einpassen: Genau sechs davon passen in jeden Kreis.

Im nächsten Schritt gehe ich, weiter streng logisch, in die zweite Dimension, jetzt also die Fläche. Dazu zeichne ich genau senkrecht zur Verbindungslinie der beiden ersten Kreismittelpunkte einen dritten Kreis. Dieser liegt dem zweiten Kreis oben an. Verbindet man die Mittelpunkte der beiden ersten Kreise mit dem Punkt, wo Kreis 2 und 3 anliegen, bekommt man ein „Rechtwinkliges Dreieck" als nächste und neue elementare Geometrie meiner „Schöpfung". Die Hypotenuse dieses rechtwinkligen Dreiecks schneidet auch den Kreisbogen des zweiten Kreises in einem Punkt. Dieser ist ein „logischer Startpunkt" für das noch gewünschte Wachstum. Durch ihn kann man einen größeren Kreis um den ersten herum zeichnen. Außerdem führt dieser Schnittpunkt zum Teilungsverhältnis GS, d.h. er bemisst den „Goldenen Schnitt" auf der Dreieckhypotenuse.

16

Nun kommt der vorerst letzte Schritt: Ich zeichne einen vierten Kreis neben Kreis 3 und direkt über Kreis 1. Damit erhalten wir über die vier Mittelpunkte dieser Kreise ein innen liegendes Quadrat. Zugleich umfasst es eben auch jeden der vier Einzelkreise. Der Ausgangskreis ist jetzt also zugleich ein Innenkreis des über die Zeichnung der vier Kreise ganz neu geschaffenen Quadrats.

Über die sechs „Gleichseitigen Dreiecke", die sich in jeden der vier Kreise einzeichnen lassen, bekommt man aus 4x6 die Maßzahl 24. Womöglich ist sie ein wichtiger Ordnungsgeber in unserer Welt; denn mit Hilfe dieser sehr einfachen geometrischen Entwicklung, meinem rein gedanklichen Schöpfungsspiel, wurden schon mehrere wichtige Eckpunkte geschaffen, so wie der Goldene Schnitt (GS) und, über das zuvor bereits erläuterte Verhältnis von Umfang und Fläche des neu geschaffenen Quadrates zu seinem Ausgangskreis, die „Grenze des Machbaren (GM)".
Das alles ist allein Folge einer zweidimensionalen Zeichnung auf einem Blatt Papier nach den Regeln elementarer Logik.
Außerdem hatte sich hier ein „Rechtwinkliges Dreieck" als weitere geometrische Grundform ergeben. Schließlich gibt es für mein „materielles Tun", dem einfachen Zeichnen auf einem Blatt Papier, auch einen *nicht-materiellen* Ursprung: Und zwar die Gedanken, die uns am Anfang drei wichtige Informationen oder (nicht-materielle) Koordinaten für den ersten endlichen Punkt (Kreis) geliefert haben.
Die dabei sich automatisch eingestellten beiden *arithmetischen* (rechnerischen) Verhältnisse „Goldener Schnitt" (GS) und „Grenze des Machbaren" (GM) sind *unendliche* Zahlenfolgen, obwohl sie, *geometrisch* betrachtet, beide *endliche* Figuren sind.

Machen wir noch einen weiteren logischen Schritt: Bisher war alles eine nur zweidimensionale Zeichnung auf einem Blatt Papier und damit „flach" oder, benannt nach dem griechischen Mathematiker Euklid von Alexandria im 3. Jahrhundert v.Chr., *euklidisch*. Jedoch wollen wir nun als Nächstes den „Raum" erschließen. Wir nehmen den Raum als dreidimensional wahr. Aber ist er es auch?

Denn erschließen wir den Raum rein logisch, dann müssen wir unser Blatt Papier einfach nur senkrecht aufrichten. Damit bekommen wir aber zwei Blätter, die senkrecht zueinander stehen. Man könnte sich diese jetzt als zwei „unendlich wachsende Blätter" vorstellen, die ineinander greifen und sich in alle Richtungen unendlich ausdehnen. Sie würden einen neuen und völlig ebenen, tatsächlich nun aber echt vierdimensionalen und unendlichen Raum bilden. Wir bekommen somit eine unendliche und flache Raumgeometrie. Die von uns wahrgenommene Dreidimensionalität ist dann immer nur ein endlicher Ausschnitt aus der tatsächlich jedoch unendlichen räumlichen Vierdimensionalität und gilt nur für endliche Körper – wie zum Beispiel für uns und alle Tiere oder für alle Planeten und Sterne – eben innerhalb eines in Wirklichkeit vierdimensionalen und unendlichen Raums $(x^2 y^2)$. Ein solcher ergibt sich sogar zwingend aus der weltbekannten Einsteingleichung $E = m\ c^2$, die ja für die *ruhende Masse* gilt. In Wirklichkeit ist aber alles im Universum dynamisch. Dann muss man diese Gleichung auch quadrieren und bekommt: $E^2 = m^2 c^4$, wobei c, die Lichtgeschwindigkeit ist. Geschwindigkeit ist in der Physik „Weg dividiert durch Zeit". Die Dimension „Weg" steht also in vierter Potenz. Deshalb muss der kosmische Raum auch als vierdimensional angenommen werden.

Womöglich ist unser Universum also ein flacher, vierdimensionaler und unendlicher Raum. Alle bisherigen Beobachtungen stützen das. Die Zeit hätte danach eine eigene Vierdimensionalität. Dazu mehr in einem anderen Beitrag, da das diesen Rahmen sprengen würde.[17] Das aktuelle Weltbild einer vierdimensionalen Raumzeit wäre damit zu belächeln und die daraus hergeleitete Raumkrümmung falsch. Natürlich wird selbst das kleinste, masseloses Lichtteilchen (Photon) durch eine große Masse abgelenkt, aber dafür gäbe es einen ganz anderen, zudem sehr einfachen Grund. Er lässt sich in der polarsymmetrischen Existenz von Information und Materie finden, wie

---

[17] Für ausführliche Darstellungen und weitere Beispiele verweise ich auf meine vorherigen Bücher bereits ab 1999, siehe meine aktuelle Buchliste am Ende des Beitrags.

ich schon in früheren Büchern ausführlich erläutert habe. Eine allem zugrunde liegende, rein informationelle Welt stellt dafür zu Anfang des Universums die alles entscheidenden Rahmenbedingungen. Im Laufe unglaublicher Zeiträume durchläuft auch sie eine Evolution und wird mehr und mehr selbst zu einem schließlich überragenden Gestalter der ganzen Welt.[18] Auf die entscheidende und dieser Welt immanente „Polare Symmetrie" komme ich gleich noch zurück.

Von Materie und Illusion

Der berühmte englische Physiker Isaac Newton (1643-1727) hatte die Gravitation beschrieben. Für ihn waren es mathematisch exakt berechenbare Kräfte zwischen zwei Massen. Die Briten Michael Faraday (1791-1867) und James C. Maxwell (1831-1879) zeigten, dass es im Kosmos aber auch den Raum beherrschende Kraftfelder gibt, die Elektro-Magnetischen Felder. Die deutschen Physiker Max Planck (1856-1947) und Albert Einstein (1879-1955) zeigten, dass in der Physik eigentlich alles *gequantelt* ist: Alles besteht aus Teilchen. Demnach müssten auch alle Kräfte und Kraftfelder durch kleinste Teilchen ohne eigene Masse repräsentiert sein.

Der dänische Physiker Niels Bohr (1885-1962) wies Albert Einstein in einem Telegramm einmal darauf hin, dass „seine Teilchen" im Quasi-Vakuum des Weltalls wohl nur deshalb am Ziel ankämen, weil sie gleichzeitig Wellen sein müssten: Für den Transport von Teilchen braucht man ein Medium wie Luft oder Wasser. Im Weltall gibt es ein solches Medium jedoch nicht, was im 19. Jahrhundert der US-amerikanische Chemiker Edward Morley (1838-1923) zusammen mit dem deutsch-amerikanischen Physiker Albert Michelson (1852-1932) experimentell beweisen konnte. Folglich schrieb man nun allen elektromagnetischen Teilchen, in der Physik stets verkürzt auf Lichtteilchen oder Photonen, eine *Doppelnatur* zu: Der „Teilchen-Wellen-Dualismus" war geboren.

---

[18] Besonders einfach habe ich das in meinem Roman „Unser Schlüssel zur Ewigkeit" (2015) dargestellt.

Für die Mehrzahl der heutigen Wissenschaftler gilt das zwar als Faktum – dennoch ist es bis heute ein Mysterium geblieben. Doch einige Experimente – wie im 20. Jahrhundert das schon historische „Doppelspaltexperiment" des US-amerikanischen Physikers John Wheeler (1911-2008) – scheinen dieses Postulat zu bestätigen. Von dem US-Amerikaner Rafael Chaves und seinem Team wurde es 2018 modifiziert: Sie schalteten in ihren Versuchsaufbau unerwartet spät sogenannte „Strahlteiler" dazwischen. Diese konnten dann selbst einzelne Lichtquanten auf ihrem Weg zu den Messstellen noch nachträglich „überraschen" und stützte einmal mehr die Annahme eines Wellen-Teilchen-Dualismus. Mehr noch: Auf Basis einer rein reduktionistisch-materialistischen Betrachtung legt gerade dieses Experiment sogar den Weg zu der heute durchaus verbreiteten Vorstellung nahe, unsere Entscheidung, etwas wann und wo oder wie auch immer zu messen, schüfe erst die Realität, sei korrekt.

Ich halte das schlichtweg für Unfug.

Denn auch hier lassen sich alle bisherigen Interpretationen leicht entkräften, wenn eine etwas andere, zugleich aber noch erweiterte Sichtweise zugrunde legt. Das gilt für diese Ergebnisse genauso wie für das besonders schräg anmutende „Mysterium" miteinander gekoppelter oder „verschränkter" Teilchen, die offensichtlich über das ganze Weltall miteinander „geisterhaft" verbunden sind.

Die Physiker Erwin Schrödinger (1887-1961) aus Österreich und sein Kollege Werner Heisenberg (1901-1976) aus Deutschland stellten fest, dass Materie im Grunde pure Illusion ist: Selbst im kleinsten Atom sind Wahrscheinlichkeiten allein bestimmend. Etwas „Festes" gibt es praktisch nicht. Jedes Atom besteht zwar aus einem Kern und einer Gruppe mehr oder weniger vieler Elektronen. Jedoch besitzen die Elektronen kaum Masse und fliegen zudem in riesigen Abständen um ihre Atomkerne herum. Zwischen beiden gibt es keinerlei Substanz, nur Beziehungen oder Wirkungen. Diese lassen sich zwar exakt berechnen, aber man weiß nicht, wie sie zustande kommen. Man spricht von starken und schwachen Kernkräften, die das Atom im Kern und seine Elektronen zusammenhalten. Wie sie zustande kommen und was sie sind, weiß keiner. Eine ganz andere Kraft, die von der Größe der jeweiligen Masse eines (endlichen) Körpers abhängt, also zum Beispiel von Sonne, Mond oder Erde, macht das Gewicht eines solchen Atoms aus: Man nennt sie Anziehungskraft oder Gravitation. Auch die Gravitation lässt sich, wie Newton zeigte, exakt berechnen. Aber auch was sie ausmacht, weiß kein Mensch. Der Physik unserer Zeit folgend, die sich mit Endlichkeiten und Quanten, also mit diskontinuierlichen Teilchen beschäftigt und Kontinuität gar nicht kennt, müsste es nun wieder Teilchen geben, die auch diese Kraft vermitteln. Man nennt sie schon mal Gravitonen und sucht sie seit Jahrzehnten, jedoch bislang vergeblich – und, wie ich glaube, auch zukünftig.

Das heißt aber nicht, dass man zwischenzeitlich nicht einfach mal ein Teilchen so einstuft, wie man es gerne hätte, selbst wenn sich das einige Jahre oder erst Jahrzehnte später vielleicht ebenso als Unfug herausstellen sollte. Ein Beispiel dafür scheint mir das „Higgs Boson" zu sein, sogar pathetisch „Gottesteilchen" genannt.

Und damit kommen wir zu der Frage, was einem Atom überhaupt seine Masse verleiht, es also zur Materie macht?

Der englische Physiker Peter Higgs (*1929) hatte 1964 „nur so eine Idee". Zwar wusste man, dass Gravitation den Teilchen ihr Gewicht verleiht, aber nicht, wie sie zu Masse kommen und so zu „fester Materie" macht. Seine Idee war, vielleicht gäbe es im Universum gigantisch viele superkleinste Teilchen, die eine Art Widerstand auf die Atome ausüben, wenn sie durch das All fliegen, vergleichbar mit dem Widerstand, wenn man durch das sehr salzhaltige „Tote Meer" läuft. Je dicker man ist, desto anstrengender ist es und desto langsamer kommt man weiter. Diese Trägheit sollte womöglich auch den Atomen ihre Masse verleihen. Higgs selbst fand das eher lustig, wie er später einmal sagte und glaubte auch kaum daran. Doch viele Kollegen suchten fortan danach. Im Jahr 2008 wurde in der Schweiz nahe der Stadt Genf ein gigantischer, unterirdischer

Teilchenbeschleuniger CERN[19] eingeweiht. Dort fand man 2012 ein äußerst kurzlebiges neues Teilchen und nannte es Higgs-Boson.
Auch wenn man es danach in einer für die „Masse-Gebung" erforderlichen Größenordnung nicht mehr wiedergefunden hat; man stellt sich bislang mit dieser Erklärung zufrieden, und Peter Higgs erhielt 2013 den Nobelpreis.
Ich glaube jedoch, das ist nicht der Schlüssel zur Erkenntnis und wir wissen wohl immer noch nicht, was den Dingen ihre Masse verleiht. Sicher ist nur, dass jedes Atom, aus dem alles im Universum besteht, selbst nur ein winziger „Hauch von Nichts" ist. Zwar wird ihr innerer Zusammenhang durch eine exakt berechenbare Kraft hergestellt. Jedoch ist sie nicht substanziell erklärbar. Extrapoliert man aber das wirkliche Wissen über Materie auf alle Formen von Materie in unserer Welt, dann wird schnell klar, dass auch wir Menschen und alles andere tatsächlich nur ein „Hauch von Nichts" sein müssen. Materie, so wie wir sie zu kennen glauben und selbst wahrnehmen, ist in Wirklichkeit bloß pure Illusion.
Wir nehmen uns und alles andere „Materielle" nur deshalb so wahr, weil wir und alles andere in identischer Weise „gestrickt" sind – und das gilt auch für alle „verlängerte Arme" unserer Wahrnehmung, den Mikroskopen und den Teleskopen. Doch jetzt lässt sich viel leichter vorstellen, dass „komplexer Geist" oder etwas allgemeiner, „komplexe Informationscluster", auch in ganz anderen Formen „materieller Illusion" existieren könnten. Untereinander würden sie sich genauso wahrnehmen wie wir uns in der „hiesigen Realität". Für uns blieben sie dagegen verborgen. In der Esoterik spricht man vielleicht sogar treffend, zumindest aber verständlich, von Formen der „Feinstofflichkeit". Manchmal nehmen sich Menschen während eines Nahtoderlebnisses aus einer Vogelperspektive selbst als völlig intakte Persönlichkeit wahr. Von dort blicken sie dann auf ihren Körper, der gerade wiederbelebt wird, und sind äußerst irritiert.
Dann scheint die von mir hier vorgestellte Möglichkeit wohl nicht ganz von der Hand zu weisen sein.

---

[19] CERN = **C**onseil **E**uropéen pour la **R**echerche **N**ucléaire im Kanton Genf/Schweiz

Zufall und Ordnung

Von Esoterikern höre ich immer wieder, es gäbe gar keine Zufälle. Vergangenheit, Gegenwart und sogar die Zukunft seien nebenher existierende Zeiten unserer Welt und unser Geist könne, vom Körper getrennt, beliebig durch alle Zeiten reisen.
Sogar Wissenschaftler hegen für Letzteres gewisse Sympathien.
Ich halte das alles für puren Unfug.

Der Physiker Erwin Schrödinger machte sich auch über den Zufall seine Gedanken. Ein Gedankenexperiment ist unter dem Namen „Schrödingers Katze" weltweit berühmt geworden:
Lebt eine Katze noch oder ist sie tot, wenn man sie in einen Kasten sperrt, in dem durch den rein zufälligen radioaktiven Zerfallsverlauf einer Substanz ein tödliches Gift freigesetzt werden kann?
Viele kommen zu dem Schluss, dies entscheide sich erst durch das Öffnen der Kiste. In diesem Moment käme es zum „Quantenbruch" oder einem „Kollaps der Wellenfunktion". Manche glauben sogar, damit entstünden instantan zwei neue „Welten": In der einen sei die Katze tot, in der anderen würde sie noch leben. Solche neuen Welten entstünden im Grunde so in jedem Bruchteil einer Sekunde überall in der Welt aufs Milliardenfache und mehr. Theoretisch mag das ja nett sein, ich halte jedoch auch das für puren Unfug.
Keineswegs glaube ich, dass man als „Beobachter" durch das Öffnen der Kiste „entscheidet", ob die Katze noch lebt oder tot ist.
Ich glaube, das ist purer Zufall. Genau solche Zufälle gibt es immer und überall in unserer Welt und auf jeder Ebene ständig wieder.
In meinem allerersten Buch[20] im Jahr 1999 habe ich deshalb schon dem Thema „Zufall und Ordnung" ein eigenes Kapitel gewidmet.
In der physikalischen Welt, der Welt der unbelebten Natur, beruht zunächst alles vor allem und gerade auf sehr vielen Zufällen.
So ist es auch Zufall, ob die Katze infolge des radioaktiven Zerfalls bereits vergiftet ist oder nicht, wenn man die Kiste mit ihr öffnet.

---

[20] „Plädoyer für ein Leben nach dem Tod und eine etwas andere Sicht der Welt" (1999)

Doch aus jedem Zufall wird irgendwann eine klar bestimmbare neue und höhere Ordnung: Er muss nur oft genug eintreten. Nach einer Million Münzwürfen wird man wohl ziemlich genau 500 Tausend mal Kopf und genauso oft Zahl bekommen. Genauso erhält man mit dem berühmten „Galtonschen Nagelbrett", auf das man unzählige Kugeln herunterfallen lässt, sicher irgendwann immer eine Häufung nach „Gaußscher Normalverteilung".[21] Aus nur genügend vielen Zufällen entsteht also immer wieder eine klare Ordnung. Das führte den französisch-amerikanischen Mathematiker Benoit Mandelbrot (1924-2010) seinerzeit zur Erforschung der sogenannten „fraktalen Geometrie" im Rahmen der „Chaosforschung". Und Zufälle können es durchaus in sich haben, wenn es nur, und das wird noch genauer zu erläutern sein, auf einmal sehr viele Querverbindungen und Vernetzungen gibt. So führte die Zufallsforschung zu der – natürlich übertriebenen – Vorhersage, der Flügelschlag eines Schmetterlings in China könne einen Hurrikan über Florida auslösen.

Manch ein Physiker mag an dieser Stelle einwenden, im Grunde läge meine Zufallsvermutung ja nur daran, dass niemals sämtliche Parameter bekannt sein können, wie zum Beispiel die Reibung des Nagelbrettes, der Luftwiderstand auf die Kugeln oder eventuelle Gewichtsunterschiede der beiden Münzseiten u.v.m. Würde man alles kennen, wüsste man von vornherein alles besser und könnte den Zufall wieder ausschließen. Dem ist aber nicht so.

In der unserer Welt zugrundeliegenden Quantenwelt ist, wie auch jüngste Versuche immer wieder bestätigen, alles rein zufällig.

Auf Quantenebene ist der Zufall auch keineswegs nur die Folge unseres Nicht-Wissens von Grundlagen oder Zusammenhängen, bzw. der Unkenntnis aller Parameter. Vielmehr lässt sich selbst dann das Ergebnis nicht vorhersagen, wenn man das ganze System vollständig kennt.

Die Katze in Schrödingers Gedankenmodell ist also tot oder sie lebt.

---

[21] nach dem deutschen Mathematiker Johann Carl F. Gauß (1777-1855)

Das bleibt allein dem Zufall überlassen und geht nicht auf meine Entscheidung als Beobachter zurück. In der Physik, also der Welt der „diskontinuierlichen" und „nicht verbundenen", einzelnen Quanten, wird erst durch eine sehr hohe Frequenz von Zufällen auf einer höheren Ebene eine neue Ordnung geschaffen. Und das kostet Zeit. Deshalb dauert es in der unbelebten Natur der Physik auch so ewig lange, bis sich diese neue Ordnung am Ende zeigt und durchsetzt.

Nach weiteren Ewigkeiten schafft die Natur dann aber Abhilfe durch etwas völlig Neues: Sie erschafft belebte, d.h. „biologische" Natur. Von diesem Moment an läuft schon alles viel schneller ab, bald sogar exponentiell. Und wieder kommt ein Zeitpunkt für noch mehr Neues: Die Natur vernetzt ihre biologischen Systeme untereinander – erst nur wenige und noch recht einfach, später immer mehr und immer komplexer mittels der Erschaffung neuronaler Strukturen. Genauso tritt damit zuerst ganz langsam, dann allmählich immer schneller und für uns heute oft rasend schnell der Zufall als einmal ursprünglicher Antriebsmotor immer mehr in den Hintergrund. Der entscheidende Schlüssel hierfür liegt in den dramatisch wachsenden Vernetzungen biologischer und später dann neuronaler Systeme zum Transport von Information. So strebt die Evolution zu neuen Ufern mit einem interaktiven System zwischen Materie und Geist.

Polare Symmetrie überall in der Welt

Schon vor etwa zweieinhalbtausend Jahren kannte die chinesische Philosophie ein entscheidendes Grundprinzip unserer Welt. Es ist das Prinzip der „Polaren Symmetrie", das ich in dem berühmten Yin und Yang Symbol am schönsten dargestellt finde:
Zwei sich spiegelbildlich und gegensätzlich gegenüber liegende Flammen (polar-symmetrisch) sind mit jeweils einem Aspekt auch in der anderen enthalten und „nähren" diese. Es gibt immer nur beides.

Frank Wilczek[22] (*1951), amerikanischer Nobelpreisträger für Physik 2004, sagte einmal: „Die Welt ist ein Kunstwerk, geschaffen in einem sehr speziellen Stil", und weiter, „besonders frappiert mich die herausragende Bedeutung der Symmetrie."

Überall in unserer Welt gibt es Polare Symmetrie. Wo es endliche Räume (z.b. lebende Körper) und endliche Zeitverläufe (z.b. unser Leben) gibt, muss es auch unendliche Räume und Verläufe geben. Genau so ist es: Die alten Griechen staunten über die Hypotenuse eines recht-winkligen Dreiecks oder die Fläche und den Umfang eines Kreises; denn sie alle sind rechnerisch unendlich (z.b. Kreiszahl π), optisch (geometrisch) aber nicht. Der deutsche Mathematiker Georg Cantor (1845-1918) konnte später nicht nur beweisen, dass Unendlichkeit real in dieser Welt existiert, sondern sogar, dass es unendliche viele Unendlichkeiten geben muss. Unter dem Begriff „Unendlichkeit" können wir uns tatsächlich wenig vorstellen, für uns mag es zwar unglaublich viel geben, aber unendlich?

Aus alldem folgt sogar die Tatsache, dass in nur einer einzigen unendlichen Zahl sämtliche Informationen dieser Welt von einfach allem und jedem und zu jeder Zeit enthalten sein kann. Unglaublich, aber wahr! Doch wenn wir heute schon riesige Informationsmengen mit nur zwei Zahlen (1 und 0, duales System) per Computer und im Internet speichern können, womit wir nach 10 Stellen immerhin schon 1024 (= 2^{10}) Informationen (Bits) abgelegt haben, so lassen sich bei 10 einstelligen Zahlen (0 bis 9) nach 10 Stellen schon 10^{10} Informationen speichern, und damit 10 Milliarden.

Ein Japaner hatte vor wenigen Jahren bereits über drei Milliarden Stellen für die Zahl π errechnet. Auch wenn manche noch an ein Ende dieser Zahlenfolge glauben, sie dürften wohl falsch liegen: Die Kreiszahl π ist ganz sicher unendlich.

Dort, wo es *zyklische* Verläufe gibt, gibt es ganz sicher auch *lineare*. Alle endlichen Körper haben ein *zyklisches* Leben. Sie entstehen, reifen heran und vergehen wieder. Zum Beispiel existieren Sonne und Erde für eine ganz bestimmte Zeit, dann werden sie sicher

---

[22] Quelle: „DER SPIEGEL" 33, 2015

untergehen. Natürlich ist diese Zeitspanne mit ein paar Milliarden Jahren aus unserer Sicht riesig. Aber sie ist dennoch endlich. In der Physik nennt man dieses kosmische Prinzip eines jeden endlichen Körpers *„Entropie"*. Sie ist ein Maß für die wachsende Unordnung in der Welt. Alles wird irgendwann einmal zerstört, die physikalische Welt läuft von höherer Ordnung stets zu größerer Unordnung.

Das gilt natürlich auch für das Leben aller Tiere und uns Menschen; denn auch wir haben endliche Körper, die der Entropie gehorchen und damit nur eine begrenzte Zeit in dieser Form leben können.

Doch wo es *Zyklik* und Zerfall durch wachsende Unordnung gibt, da ist auch *Linearität* durch stetigen Aufbau mit wachsender Ordnung. Auch das können wir zum Beispiel an uns selbst erfahren: Während jeder Mensch im Laufe seines Lebens von Anfang an schon altert, wenngleich er für vielleicht 25 Jahre heranwächst und erst danach auch äußerlich sichtbar abbaut, so wächst sein Geist immer weiter. Seine (immaterielle oder nicht-physikalische) Persönlichkeit reift ohne Unterlass *linear* heran. Das ist natürlich keine Wertung; denn auch negative Persönlichkeitsaspekte können davon betroffen sein.

Und *linear* heranzuwachsen bedeutet auch nicht gleichmäßig und kontinuierlich. Der „nicht-materielle" Aspekt reift dennoch bis zum zwangsläufigen Ende des Körpers, den wir Tod nennen, immer weiter. Wenn dann infolge der physikalischen Entropie jeder Körper einmal am Ende ist – halt stirbt, wie wir sagen – dann steht der bis dahin gereifte Geist an seinem bisherigen Höhepunkt.

Allein die Logik zwingt uns schon zu der Überlegung, kann es denn das dann wirklich gewesen sein? Oder steht der bis dahin gereifte Geist in dem Moment, wo „sein" Körper zwangsläufig sterben muss, nicht selbst nur am Anfang einer „neuen Reise", eines weiteren, wenngleich wohl völlig neuen Lebens nach einer dafür zwingend ebenso erforderlichen „Metamorphose"? Ich glaube ja!

Im Moment des Todes hat der Geist, und damit die ganze Persönlichkeit des „nur körperlich Verstorbenen", einen Zustand erreicht, den ich in Anlehnung an christliche Traditionen seine „Seele" nenne. Und diese Seele lebt weiter.

Auf Basis dieser festen Überzeugung muss man sich natürlich auch fragen, wie man sich das dann vorstellen könne, wenn das Gehirn, gemeinhin ja als Produzent unseres Geistes betrachtet – zumindest unbestritten aber doch das hierzu maßgebliche Organ während des Lebens – nach dem körperlichen Tod nicht mehr funktioniert.

Seit mehr als 100 Jahren wissen wir nun, dass in der physikalischen Welt alles gequantelt ist. Schon deshalb sucht man nach kleinen Teilchen, die etwa Gravitation vermitteln (Gravitonen), die in jedem Atomkern seine kleineren Bausteine (z.B. Quarks) zusammenhalten (Gluonen) oder die jedem Körper seine Masse geben (Higgs-Bosonen?). Auch wenn man ein rasend schnell zerfallendes Teilchen gefunden hat, dem man vielleicht vorschnell zuschrieb, einem Atom seine Masse zu verleihen: Den Physikern sind die Zweifel geblieben.

Auch aus meiner Sicht ist weiterhin nicht geklärt, was Teilchen, bzw. endlichen Körpern im Allgemeinen, ihre Masse verleiht. Und selbst wenn man Gravitation mittlerweile als ein wohl über das ganze Universum wirkendes Kraftfeld messen konnte, Gravitonen hat man trotz intensivster Suche danach genauso wenig gefunden wie Gluonen, die gesuchten Klebeteilchen im Atomkern. Max Planck und Albert Einstein hatten zwar Recht, als sie erkannten, dass die physikalische Welt aus Teilchen besteht. Jedoch fehlt bis heute die Anerkennung, dass sie tatsächlich auch NUR aus Teilchen besteht.

Alles in der Physik, und damit alles in unserem physikalischen Universum, ist diskontinuierlich, d.h. „geteilt" und „unterbrochen". In der Physik gibt es tatsächlich keine Kontinuität.

Da aber Teilchen ohne sie durch ein fast mediumfreies Universum (Quasi-Vakuum) nicht fliegen könnten, erfand man einfach einen „Teilchen-Wellen-Dualismus"; denn man brauchte Kontinuität.

Auf diese Weise erschuf man sie halt. Man sprach den kleinsten Teilchen, den Quanten oder Photonen, eine Doppelnatur zu.

Denn natürlich muss es Kontinuität in unserer Welt geben – allein jedes Leben zeichnet sich dadurch aus.

Damit stellt sich die Frage danach anders: Ist Kontinuität eine Eigenschaft der physikalischen Welt? Nein, ich glaube nicht! Natürlich ist Kontinuität unserem Universum real gegeben. Aber wie schon die reale Existenz von Unendlichkeit zeigt, ist auch sie von einer „anderen Welt". In beiden spiegelt sich das universelle Gesetz von „Polarer Symmetrie" wider. Kontinuität zwingt uns einmal mehr, auch die Realexistenz einer zur physikalischen Welt polarsymmetrischen Dimension oder Welt zu erkennen. Diese ist mit der Physik nicht zu greifen und sie entspricht ihr nicht. Aber natürlich ist sie genauso real wie die von uns wahrgenommene, materielle oder physikalische Welt.

Sogar noch mehr: Tatsächlich ist sie die stärkere Realität. Es ist die Welt aller „Information", die selbst auch einer ähnlichen Evolution unterliegt wie die physikalische Welt. In der physikalischen Welt werden die Körper immer komplexer, dort entwickeln sich immer komplexere „Informationscluster". Salopp gesprochen ist es „Geist". Evolutionär fortgeschrittener Geist besitzt dann so erstaunliche Facetten wie Bewusstsein, Emotionalität und Selbsterkenntnis.

Die „Welt wachsender Information zu immer höherer Komplexität" oder einfach, die „Geistige Welt", ist also die *erste* „reale Welt", dazu die stärkere und steht „hinter" allem, was so viel heißt, wie dass von ihr letztlich alles ausgeht. Sie benötigt die physikalische Welt dazu als Ausdrucksform und zu ihrer eigenen Evolution.

Für uns klingen Begriffe wie „Informationswelt" oder „Geistige Welt" sehr abstrakt und so völlig unkörperlich. Doch tatsächlich ist sie das keineswegs – diese Welt ist nur völlig anders, und man kann sie mit physikalischen Methoden kaum erfahrbar machen.

Rein wissenschaftlich betrachtet ist es längst unstrittig, dass alle Materie, die wir wahrnehmen, im Grunde gar nicht wirklich existiert und als Illusion betrachtet werden sollte. Alle materiellen, d.h. alle endlichen Körper, die von Tieren und von uns Menschen natürlich eingeschlossen, sind tatsächlich nur eine Art „Hauch von Nichts".

Der renommierte deutsche Physiker Hans-Peter Dürr (1929-2014), ein wissenschaftlicher Nachfahre von Carl Friedrich von Weizsäcker (1912-2007) und Werner Heisenberg (1901-1976), formulierte es einmal wie folgt: „In der subatomaren Quantenwelt gibt es keine Gegenstände, keine Materie, keine Substantive, also Dinge die wir anfassen können. Es gibt nur Bewegungen, Prozesse, Verbindungen, Informationen ... (der Kosmos) ist ein Informationsfeld ... es hat nichts zu tun mit Masse und Energie ... diese Unschärfe verweist auf einen zugrunde liegenden universellen Code, der nichts anderes ist als Information ... Materie und Energie treten erst sekundär in Erscheinung – gewissermaßen als geronnener, erstarrter Geist."[23]

Und der Begründer der Quantenphysik, der deutsche Physiker Max Planck (1858-1947) bemerkte sogar 1918 in einem seiner Vorträge: „Ich betrachte die Materie als aus dem Bewusstsein heraus entstehend ... Alle Materie entsteht und besteht nur durch eine Kraft, welche die Atomteilchen in Schwingung bringt ... hinter dieser Kraft (müssen wir) einen bewussten intelligenten Geist annehmen. Dieser Geist ist der Urgrund aller Materie ..."

Leben und Evolution

Somit ist es jetzt an der Zeit, auf die Evolution allen Lebens auf dieser Erde zu blicken und natürlich auch auf die des Menschen.

Dabei stellt sich zunächst die Frage, ob wirklich alles Leben, so wie wir es hier und heute in dieser gigantischen Komplexität vorfinden, wirklich nur durch Zufälle und anschließend konsequenter Auslese der jeweils „Geeigneten" im Laufe von etwa einer halben Milliarde Jahre entstanden sein kann. Heutige Biologen und auch zahlreiche Hirnforscher behaupten genau das. Man sollte bei der Suche nach einer Antwort jedoch nicht vorschnell an Fakten vorbeischauen, denen wir eigentlich schon bei oberflächlichem Hinsehen begegnen können, und die diese Annahme in Zweifel stellen:

So hat zum Beispiel die Natur ungefähr 40 Millionen Jahre benötigt, um den Huf bei Tieren zu entwickeln. Aber nur wenige 100 Tausend Jahre benötigte die Natur für die Entwicklung des höchstkomplexen menschlichen Gehirns aus Vorstufen seiner tierischen Vorfahren.

---

[23] Quelle: P.M. Magazin 05/2007

Und obwohl der Steinzeitmensch nur etwa 10 Tausend Jahre alt ist und damit etwa 400 Generationen zurück liegt, liegen zwischen ihm und uns modernen Menschen – rein geistig betrachtet – Welten. Das ist beileibe keine Wertung; denn natürlich regiert auch hier das universelle Prinzip polarer Symmetrie, womit folglich leider gilt: wo viel Licht, da auch viel Schatten.

Ebenso müsste, nach der Darwinistischen Maxime vom Erfolg durch Überlegenheit des jeweils Geeigneteren[24], jede zufällige Entstehung von etwas völlig Neuem schon in der nächsten Generation deutliche Vorteile besitzen, die es überleben lassen. Im Grunde müsste sich also stets etwas neu entwickeln, was sich unmittelbar anschließend bereits als besser geeignet erweist.

In der Regel aber benötigt eine in Zukunft vielleicht einmal bessere Variante erst mehrere oder sogar sehr viele Generationen, bevor ihre Überlegenheit zum Tragen kommt. Und manchmal braucht es dazu noch Veränderungen in der Umgebung, so dass die dann erst erfolgreiche Neuerung vorher womöglich sogar sehr lange Zeit von Nachteil war. Ganz schwierig wird es auch bei Ausprägungen und Verhaltensweisen, die nur für zwei oder Lebensformen gemeinsam zu einem Überlebensvorteil gereichen, etwa bei Symbiosen. Oft könnte eine Art ohne eine zeitgleich mitentwickelte und dazu von Anfang an aufeinander extrem genau abgestimmte Beziehung zu einer anderen Art allein gar nicht erst existieren. Die Evolution solcher „artfremder Lebenspartner" macht das stets nur zufällige Zustandekommen solch entscheidender und zueinander passender Merkmale mehr als unwahrscheinlich.

Der englische Astronom Fred Hoyle (1915-2001) entwarf dazu einmal spöttisch die Metapher von einer Boeing 747: Liefe die Evolution tatsächlich so, wie man heute zumeist annimmt, dann wäre das vergleichbar mit einem Jumbojet, der aus den Teilen auf einem Schrottplatz zufällig entstünde, wenn ein Tornado darüber fegen würde. Ich sehe das genauso.

---

[24] nach Charles Darwin (1809-1882), englischer Naturforscher und Begründer der modernen Evolutionslehre.

Die moderne Biologie war zudem lange Zeit der Ansicht, alles, was uns ausmacht, sei bereits in unseren Genen manifestiert, also in unserem Erbgut, alle Pflanzen, Tiere und Menschen gleichermaßen. Mit einer ausreichend *un*überschaubar großen Zahl von Genen lässt sich so leicht argumentieren; denn sich kaum vorstellbare Größen und Mengen wirken immer gut als Totschlagargument. Das gilt auch für den ungeheuren Zeitraum von etwa einer halben Milliarden Jahre, die viele in die Waagschale werfen, wenn sie den puren Zufall als Antriebsmotor für alles Leben auf dieser Erde belegen wollen.

Doch in den 1990er Jahren machte der amerikanische Biochemiker Craig Venter (*1946) damit mittelbar ein Ende: Der Mensch hat nur ungefähr 25-30 Tausend Gene, sehr viel weniger als viele Pflanzen oder etwa die Hefe. Heute wissen wir auch, dass sich die Gene von Mensch und Schimpanse zu etwa 99% gleichen und jeder Mensch auf dieser Erde mit jedem beliebigen anderen Menschen sogar zu 99,9% genetisch identisch ist.

Viele Gene codieren außerdem grundsätzlich Ähnliches. So sorgt zum Beispiel ein FOXP2-Gen bei Vögeln für ihren Singsang und beim Menschen für seine Fähigkeit zu sprechen. Dabei unterscheiden sich beide nur marginal. Und das so genannte PAX6-Gen codiert sowohl die Augen von Insekten als auch die bei Säugern. Verpflanzt man ein solches Gen von einer Maus, die ein Linsenauge hat, in eine Fliege, so entsteht damit dort das für Insekten typische Facettenauge.

Bei nüchterner Betrachtung muss man daher wohl zu dem Schluss kommen, dass die Gene mehr eine Art Sammelordner für zahlreiche Programme derselben Merkmalsklasse sind, so wie wir am PC auch vielleicht einen Dateiordner „Bilder" haben mit dann verschiedenen Unterordnern, etwa für „Reisen" oder „Familie".

Diese Ordner geben vor, welche „Gewerke" oder „Gerätschaften" mit den darin enthaltenen Programmen erstellt werden können. Je nach Zutat von „noch anderer Seite" werden diese Gewerke dann jedoch völlig unterschiedlich umgesetzt. Was aber könnte hier mit „anderer Seite" gemeint sein? Vielleicht hilft hier ein Vergleich mit verschiedenen Dachdeckern, die zwar alle dieselben Geräte und Werkzeuge nutzen, aber mit ihrem unterschiedlichen „geistigen

Know-how und Können" verschiedene Dächer in unterschiedlicher Weise bauen.

Seit einigen Jahren weiß man, dass manche Abläufe im Gehirn auf die Keimzellen eines Lebewesens und damit sogar auf nachfolgende Generationen Auswirkungen haben können. An Mäusen ließ sich das zuerst experimentell beweisen, aber längst auch empirisch beim Menschen. So haben heute etwa Enkelkinder von Menschen, die im zweiten Weltkrieg gehungert haben, signifikant häufiger Störungen im Essverhalten. Mittlerweile hat man auch eine Vorstellung davon, dass große Teile unseres Erbguts, die noch vor wenigen Jahre als unnütz und überflüssig, ja sogar als „genetischer Müll" bezeichnet wurden, zumindest teilweise überaus wichtige Schalterfunktionen haben. Offensichtlich können Vorgänge, die sich wie auch immer im Gehirn abspielen, dazu führen, dass solche Schalter dann über die Nerven (neuronal) und durch Hormone (humoral) betätigt und neue Vorgänge so exakt gesteuert werden. Mittlerweile hat man hierfür auch einen Namen, ohne dass man jedoch wirklich weiß, wie das alles tatsächlich funktioniert: „Epigenetik".

Evolution und Gehirn

Ich glaube, dass uns die Epigenetik in den nächsten Jahren noch viel weiter bringen wird, als man derzeit annimmt. Für mich scheint sie ein entscheidender „Schlüssel" zu einem ganz neuen Verständnis zu sein: Für mich ist sie Schlüssel zu der Erkenntnis, dass jedes Gehirn als oberstes Zentrum des ZNS eines entsprechend fortentwickelten Lebewesens zugleich die materielle Schnittstelle zwischen Geist und Körper ist, also zwischen Informationswelt und materieller Welt.

Und damit wird das Gehirn sogar zu einem Mittler der Evolution: Ein exponentiell wachsendes Maß an Interaktionen zwischen dem sich mit seinem „Gerätepark Gehirn" zeitgleich differenzierenden Geist beeinflusst die weitere Evolution auch der eigenen Art.

Damit gehe ich sehr weit über die heute allgemein geläufige Bewertung des Gehirns hinaus: Das Gehirn eines jeden Lebewesens, und damit natürlich vor allem das zu sehr hoher Komplexität gereifte Gehirn der Menschen, ist wohl keineswegs der Produzent alles Geistigen, wie heute fast durchgängig angenommen wird.

Vielmehr ist jedes Gehirn vor allem ein gigantischer „Gerätepark" mit zahlreichen und ganz unterschiedlichen „Gerätschaften" und so Möglichkeiten und Eigenschaften. Viele seiner Geräte dienen dabei nicht nur wie bei (früheren) Computern zuvorderst der Speicherung von Inhalten. Das gehört natürlich dazu, aber in der Regel erst auf bereits „nachgeordneter Ebene". Bei guter Übung kommt das dann zum Tragen, dort etwa, wo die geistige Einflussnahme Perfektion im Handeln eher behindern würde, zum Beispiel beim Autofahren oder dem meisterhaften Spielen von Musikinstrumenten. Doch so, wie moderne Computer schon längst ultraschnellen Zugang zu einem mittlerweile gigantischen informationellen Internet haben, so sind Gehirne vor allem dazu da, mit einer genauso real existierenden, für uns tatsächlich rein „Geistigen Welt" in Kontakt zu treten.

Der Zugang besteht dann lebenslang und verbessert sich laufend.

Am Anfang geht es vor allem um den Aufbau eines persönlichen und natürlich auch geschützten Intranets, ähnlich wie heute unsere eigene „Cloud" im Internet. Darin speichern wir alles, mit ihm bilden wir uns selbst ab und prägen unser Leben lang ganz individuell und zugleich in riesigem Ausmaß unseren maßgeblichen Anteil. Damit entsteht und entwickelt sich unsere ureigene, informationelle („Cloud"-)Persönlichkeit – Metapher für unseren eigenen, immer komplexer heranreifenden Geist. Dieser „nicht-materielle Geist" steht mit Hilfe „seines" Gehirns in ständiger, rein informationeller und damit *nicht energetischer* Verbindung mit dem eigenen Körper. Energetische Wechselwirkungen, wie in der Physik immer wieder gesucht und nicht gefunden, entfallen. Ich werde darauf noch näher zurückkommen. Jeder Einzelne hat mithilfe seines Geistes potentiell auch die Möglichkeit einer „Kommunikation" und damit des realen „Austauschs" mit jedem anderen „Geist" oder geistigen Inhalts der real existenten und immer komplexer werdenden Informationswelt.

Das Gehirn ist, wie ich seit Ende der 1990er Jahre versucht habe, in vielen Büchern argumentativ breit darzulegen, eine „Schnittstelle" zwischen Geist und Körper – oder komplexer Informationswelt und komplexer materieller, also physikalischer Welt. Damit wird es über sein jetzt so genanntes „epigenetisches Wirken" auch zu einem im Laufe der Zeit immer wichtigeren Motor der Evolution seiner Art. Die in ständigem interaktiven Austausch stehenden Gehirne von Mensch und Tier geben je nach speziellem Entwicklungsgrad nun sogar Entwicklungsrichtungen für die ganze Art vor.

Der Gerätepark „Gehirn" wird im Laufe der eigenen Evolution immer umfangreicher, die vielen Gerätschaften werden „technisch" immer besser und können folglich immer mehr leisten. Das Gehirn als die entscheidende Schnittstelle zwischen „Geistiger Welt" und der „Welt der (endlichen) Körper" wird somit auch ein immer kreativerer und leistungsfähigerer Motor für eine nicht mehr nur auf Zufall gründende Entwicklung von Arten und Individuen. Auf diese Weise geht die Evolution ganzer Arten von Zeit zu Zeit in ganz neue Richtungen und erhält kräftige Beschleunigungen. Zufall und Auslese der jeweils Geeigneteren sowie Kooperationen zwischen einzelnen Wesen und Arten bleiben natürlich wichtige Evolutionsmechanismen. Jedoch führt der Zufall keineswegs nur zu positiven Entwicklungen: Man denke nur an die vielen (zufälligen) Mutationen, von denen jeder Mensch tagtäglich heimgesucht wird und die ihn nicht verbessern, sondern oft durch Krankheiten wie Krebs sogar töten, sofern sie unser Immunsystem nicht rechtzeitig erkennt und ausmerzen kann. Die Evolution ist vor allem auch deshalb langfristig erfolgreich, weil sie den Zufall in Griff bekommt. Das im Laufe riesiger Zeiträume entstehende und dann erst langsam, viel später jedoch exponentiell wachsende und sich immer stärker vernetzende neuronale System mit dem Gehirn an seiner Spitze (ZNS) wird dafür immer wichtiger. Als Schnittstelle fungiert es ganz gezielt zwischen den zwei polar-symmetrischen Welten „Information und Materie" und lässt ständig und immer effektiver den Austausch aller nötigen Informationen zwischen diesen beiden Welten zu. Die Evolution des Lebens baut im Laufe der Zeit immer weniger auf den Zufall. Der potentiell auch gefährliche Zufall wird kanalisiert und effektiv gezähmt.

Die Evolution schreitet so von unterster Ebene zu jeder nächst höheren Ebene immer geordneter und „zielgerichteter" fort. Ihr Ziel ist jedoch nicht der Mensch, sondern eine immer größere und immer perfektere geistige Komplexität, die in hohem Maße der heutige Mensch nur repräsentiert.

Dieses tatsächlich *„infotropische Ziel"* der Evolution allen Lebens mit einem sich in der materiellen Welt dazu konsequent linear aufwärts entwickelnden *„neurotropischen Korrelat"*, dem ZNS mit seinem komplexen Gehirn an der Spitze, muss quantitativ und qualitativ betrachtet werden. Folglich ist auch der heutige Mensch nur eine Zwischenstufe. Noch viele weitere (geistige) Stufen dürfte es wohl zu erklimmen geben, von deren Inhalten und Qualitäten wir aber heute kaum etwas überhaupt erahnen können.

Die entscheidende Evolution ist jedoch eine geistig-informationelle mit einem grundsätzlich *linear* aufwärts gerichteten Verlauf zu immer neuer und höherer Ordnung. Sie ist das polar-symmetrische Gegenstück zu einer physikalischen Welt, die der Entropie folgt und damit zu immer größerer Unordnung strebt.

Die Evolution alles Körperlichen ist letztlich bloß Mittel zum Zweck. Zur linearen Reifung des Geistes mithilfe der Materie braucht es ein sich dazu auch *linear* aufwärts entwickelndes, materielles Korrelat. So entsteht zunächst ein einfaches Nervensystem (NS), das über viele Jahrmillionen immer spezialisiertere Zentren bildet und sich *linear aufwärts* zum Zentralnervensystem (ZNS) fortentwickelt.

Die Spezialisierung umfasst neben immer neuen Bereichen auch besondere Qualitäten, darunter effektive „Empfangsbereiche".

Dazu nimmt auch die Vernetzung untereinander im Laufe der Zeit exponentiell zu. Als auserkorene Schnittstelle zwischen Geist und Körper ist die Differenzierung des ZNS in gleicher Weise wie alles Geistige/Informationelle auch *linear aufwärts* gerichtet und bleibt abwärtskompatibel. Jede Entstehung und Geburt, Entwicklung und Wachstum bis zum Zenit sowie Vergehen, Altern und Auslöschen, bzw. Tod, aller (endlichen) Körper und Organe verläuft – wie alles Materielle im ganzen Universum – natürlich immer *zyklisch*.

Selbstverständlich gilt das deshalb auch für das Organsystem „ZNS",
wenn es am „Ende eines Lebens" seine Schuldigkeit als Schnittstelle
getan hat. Mit dem, was es während seiner Existenz produziert und
gebildet hat, hat dieses Ende jedoch rein gar nichts zu tun.

Während man noch vor wenigen Jahrzehnten kaum einem Tier eine
relevante höhere geistige Qualität wie Intelligenz oder Bewusstsein
zugetraut hatte, werden wir heute durch zahlreiche Experimente
fast täglich überrascht, welchen hohen Ansprüchen manch tierische
Intelligenz sogar gerecht werden kann. Nicht wenige sind selbst
Kleinkindern geistig um Längen überlegen, so etwa manche Vögel
wie vor allem Raben, deren Gehirngröße im Vergleich dazu jedoch
mickrig ist. Eine Kerndisziplin, die selbst manchen Schülern unserer
Zeit mittlerweile abhanden gekommen zu sein scheint, ist selbst bei
„niederen Tieren" eindeutig nachweisbar: Sie beherrschen manch
„elementare Mathematik". Fische zählen niedrige Ordnungszahlen
und erkennen geometrische Grundformen. Im Jahr 2018 hat man
Honigbienen an der Universität RMIT im australischen Melbourne
sogar einfaches Addieren und Subtrahieren beigebracht. Auch
andere Insekten können zählen, und Pflanzen können es auch, wie
uns etwa die fleischfressende Venusfliegenfalle beweist.
Intelligenz zeigt sich auch auf ganz anderen Ebenen. Hunde lernen
schnell, mit Artgenossen zu kooperieren, wenn sie nur zusammen
an Futter kommen können, auch wenn sie dann nicht alles für sich
allein haben. Fischreiher lernen ganz individuell, leckere Fische zu
angeln, in dem sie Kindern dabei zuschauen, wenn diese Fische mit
Brotkrumen füttern. Sie beobachten, wie viele Fische so an die
Wasseroberfläche gelockt werden und nutzen „geklautes Brot"
fortan selbst, um damit zu angeln. Den Vorgang effektiven
Anlockens von Fischen mittels Brot haben sie offenbar „begriffen".
Das ist nur mit einer gehörigen Portion Intelligenz möglich. Manche
Tiere wie Schimpansen erkennen sich zweifellos selbst im Spiegel.
Mittlerweile gibt es unzählige Beispiele, die uns nahelegen, dass die
geistige Entwicklung der Lebewesen ganz offensichtlich das zentrale
und eigentliche Ziel der Evolution zu sein scheint.

Entwicklungsgeschichtlich ältere Tiere sind daher im Vergleich zum Menschen geistig noch nicht so weit; denn ihr ZNS steht noch auf vergleichbar unterer Stufe und muss mit „schlechteren Geräten" auskommen. Dafür zeichnen sie sich durch besondere körperliche Spezialisierungen und Perfektionen aus. Mit der Zeit erreicht das ZNS jedoch neue und immer höhere Ebenen seiner Entwicklung. Damit wächst die geistige Potenz zunächst langsam und allmählich, später dann exponentiell immer schneller heran. Deshalb haben bei uns Menschen nur 400 Generationen ausgereicht, um uns aus der Steinzeit zunächst allmählich, dann später rasend schnell, in das heutige Zeitalter modernster Technik zu katapultieren. Das Gehirn, die materielle Grundlage unserer geistigen Entwicklung oder, wie ich es nenne, der materielle Gerätepark, hat sich dagegen kaum wirklich verändert.

Rückblickend auf die Evolution des Lebens war das frühe Nervensystem vielleicht vergleichbar mit einem uralten Röhrenradio.

Es konnte zweckgemäß empfangen, in seinen Leistungen war es noch minimalistisch. Später entstand mit dem ZNS schon ein komplexeres System: Ähnlich wie der neueste Schrei in den 1950er Jahren, wo es Radio mit Zehnfach-Plattenwechsler und altem Röhren-TV in einem riesigen Schrank für das Wohnzimmer gab, so ist auch das frühe ZNS zu verschiedenen und besseren Leistungen fähig. Zudem wuchs die Programmvielfalt, ähnlich wie damals schon im Radio und auch im TV. Natürlich ist dies nur eine Metapher, und die Natur ist im Vergleich zu allem, auch gegenüber uns modernen Menschen, um Welten überlegen. Aus dem TV wurde irgendwann ein PC, zunächst noch ohne direkten Zugang zur Außenwelt.

Später kamen erste Modems auf. So hatte man den ersten wirklich interaktiven, wenngleich noch sehr mühsamen, langsamen und sehr beschränkten Zugang zu einer „äußeren Datensphäre". Sie war erst wenig beschrieben, vor allem nur mit Regeln und Formatierungen.

Noch musste sie lange mit nützlichen Daten angereichert werden: So wurde das Internet geboren. Heute nutzen wir es weltweit und ständig. Ohne Internet kommen viele Menschen längst nicht mehr aus. Seine Datenfülle ist exponentiell und dramatisch angewachsen und unüberschaubar. Fast jeder nutzt es und schafft sich damit und darin seine eigenen passwortgeschützten Bereiche, die Intranets. Wir sammeln Daten ohne Ende, speichern immer mehr Bilder und Filme mit inzwischen relativ großen Datenvolumina und das alles in wachsendem Maße in „Internetwolken", den „Clouds". Natürlich werden die Zugänge dazu immer effektiver und in immer kürzerer Zeit immer schneller. Interaktives Wirken macht auf einmal Spaß, was man mit den alten BTX-Geräten Ende des 20. Jahrhunderts noch keineswegs behaupten konnte.

In ähnlicher Weise entwickeln sich die Lebewesen hier auf unserer Erde und – davon bin ich überzeugt – noch an unzähligen weiteren Stellen im ganzen Universum; denn auch das gehört wohl zum eigentlichen Charakter dieser Welt. Wir Menschen haben dabei nur hier die (vorläufige) Spitze des Eisbergs erklommen, weil unser ZNS ein hinreichend ausgereifter Gerätepark ist, um damit interaktiv agieren zu können und uns dessen bewusst zu werden. Unser Geist ist dafür ausgereift genug. Auf der aktuellen Entwicklungsstufe unseres ZNS sind wir nun auch in der Lage, unser eigenes „Intranet in diesem universalen geistigen Internet" zu erschaffen, es ständig zu erweitern und immer wiederzuerkennen. Wir *sind* unsere „Cloud" und werden uns unserer eigenen Persönlichkeit bewusst.

Die aktuell erreichte Stufe unserer geistigen Entwicklung bietet uns neben der Selbst-Bewusstheit auch grundsätzlich die Möglichkeit, sich auf den Weg zu weiterer Erkenntnis zu machen. Allein durch unser Denken und den Verstand können wir uns dem Verstehen des „Ganzen" widmen, wie schon Immanuel Kant erkannte. Das sollte uns zwangsläufig auch zu dem unbedingten Vertrauen leiten, dass unser „Geistiges Intranet" nicht mit dem Gehirn, das wir „hier" für seine Entwicklung als materielle Schnittstelle brauchen, identisch ist und deshalb auch nicht vergehen wird. Hierfür gibt es keinen Tod! Unsere Persönlichkeit stirbt nicht, *wir* können gar nicht sterben.

In dem Moment unseres hier so genannten Todes ist unsere bis dahin gereifte Persönlichkeit das, was wir unsere Seele nennen. Augenblicklich beginnt sie jetzt ein neues Leben in einer völlig neuen Dimension, zu der es bis dahin keine Erfahrungswerte gibt.

Über sie können wir kaum etwas sagen, so wenig, wie die schon erwähnten Zwillinge in Henry Nouwens „Dialog der Zwillinge im Mutterleib", wenn sie sich über ihr bevorstehendes, vermeintliches Ende unterhalten, da sie weder ahnen noch wissen (können), wohin ihre Geburt sie danach führen wird.

Ganz sicher aber wird unsere Seele konsequent und *linear* den Weg eines weiteren Aufstiegs nehmen. Eine Rückkehr in einen irdischen Körper, an den viele in manchen Religionen und gerade auch in der Esoterik glauben und immer wieder von unzähligen Kreisläufen ihrer Wiedergeburt fantasieren, scheint mir allenfalls als „tragischer Unfall" in Einzelfällen denkbar zu sein, keineswegs aber als der „Normalfall". Derartige Unfälle äußern sich dann womöglich in bestimmten, psychischen Krankheiten. So könnten arme Empfänger solch fehlgeleiteter Seelen an manchen Formen von Schizophrenie, insbesondere aber auch an multipler Persönlichkeit leiden.

Eine solche Rückkehr führt nicht zu einem weiteren Aufstieg. Vielmehr werden neue Fehler gemacht und alte möglicherweise nicht einmal erkannt und revidiert. Das aber widerspricht geradezu allen Beobachtungen zur Evolution des Lebens und der konsequent wachsenden Ordnung alles Informationellen im ganzen Universum, die im polar-symmetrischen Gegensatz zur wachsenden Unordnung (Entropie) alles Materiellen steht und stehen muss.

Abgesehen davon müssen die gesellschaftlichen Abgründe jedem Ansatz zu einem geistigen Aufstieg an sich schon ein Gräuel sein: So hat doch der „fleischlich Wiedergeborene" durch sein womöglich schlechtes Karma letztlich selbst Schuld an seinem dann neuen und verdrießlichen Leben. Hier zu helfen ist von daher kaum geboten.

Größe und Masse unseres Gehirns sind nicht entscheidend für den Entwicklungsstand unseres Geistes und seine Fähigkeiten. Kaum zu glauben, doch selbst Menschen mit nur etwa 10% der normalen Gehirnmasse können ein weitgehend normales und unauffälliges Leben führen, wie man längst durch Zufallsbefunde bei MRT-Untersuchungen feststellen konnte. Nicht zuletzt zeigen uns diverse Tiere, darunter eben Raben und andere Vögel, dass man auch mit kleinem Gehirn intelligente Leistungen vollbringen kann, die selbst denen eines Kleinkindes nicht nachstehen.

Vieles scheint im Gehirn gar nicht im Detail gespeichert zu werden. Doch selbst für komplexe Erfahrungen scheint es Spuren zu geben, die wohl ähnlich wie die genetischen Schalter im angeblichen Müll unseres Erbguts funktionieren. Werden sie wie auch immer gereizt – oder „angespitzt", dann gerät im Gehirn und gegebenenfalls auch im ganzen Körper vieles in Bewegung und in Wallung.

Der leider mittlerweile verstorbene Hirnforscher und Leiter seines Stuttgarter Instituts, Günter Haffelder (1940-2018), hatte 2015 auf meinem Aachener Seminar dargelegt, dass besonders stärkere und tiefe emotionale Erfahrungen, wie etwa Angstzustände, aber auch komplexe Nahtoderfahrungen, zu solch ganz spezifischen Mustern in sehr niederfrequenten Hirnstromwellen führen (im Delta- und Thetawellen-Bereich). Im EEG lassen sie sich nur mithilfe spezieller Zoom-Techniken (Fourieranalyse) erkennen. Hierbei handelt es sich um virtuelle Spuren im Gehirn zur Triggerung von Erinnerungen, die dort selbst nicht energetisch gespeichert sind[25], womöglich aber auf Wellen, deren mathematische Wellenfunktionen einen anderen ontologischen Charakter haben und mit „hyperkomplexen Zahlen" beschrieben werden müssen (Otte, R., 2018, siehe später).

Zwei Studien in den Jahren 2009 und 2013 zeigen, dass es kurz nach dem im EEG durch eine Nulllinie nachgewiesenen Eintritt des Hirntods für etwa 30 Sekunden zu einem Wiederaufflammen von Hirnströmen kommt.[26] Die Mehrheit der materialistisch denkenden Hirnforscher nimmt an, dies sei nun das lange gesuchte, materielle Korrelat für die sehr facettenreichen Erlebnisse im Rahmen von

---

[25] veröffentlicht in dem entsprechenden Tagungsband 2016, „Schnittstelle Tod – Wo stehen wir nach 40 Jahren NTE-Forschung?", siehe Bücherliste am Ende des Beitrags.

[26] Chawla, L. et al., (2009) „Surges of Electroencephalogram Activity at the Time of Death: A Case Series", J. Palliative Med. 12(12), doi:10.1089/jpm. 2009.0159 sowie
Borjigin, J. et al., „Surge of neurophysiological coherence and connectivity in the dying brain", doi: PNAS 10 (2013), doi:10.1073/pnas.1316024110

Nahtoderfahrungen und vielleicht auch der Beweis für ein Geschenk der Evolution an den Sterbenden.

Mal abgesehen davon, dass eine derartige Vorstellung gerade auf Basis einer materialistischen Denkweise absurd ist; denn dann müsste auch dieses Geschenk sinnvoll sein, um das Überleben der Art zu sichern. In dieser Situation kann man über solche Ideen eigentlich nur lachen. Außerdem finden sich plötzliche Aktivitäten der Hirnströme *nach* dem eigentlich schon eingetretenen Hirntod genauso in Experimenten an Ratten. Sollten auch sie und andere Tiere am Ende ihres Lebens von der Natur mit Nahtoderfahrungen beschenkt werden? Ich halte das geradezu für absurd!

Doch es gibt noch etwas Besonderes bei dieser „Verabschiedung". Man stellt nicht bloß einzelne und verstreute Hirnstrom-Spitzen fest. Nein, das ganze Gehirn wird regelrecht von einem elektrischen Hurrikan erfasst, der breit über alle seine Teile gleichermaßen stark hinwegfegt. Dieses Bild ein wenig weitergesponnen würde ich eher daraus schließen: Dieser Hurrikan nimmt hierbei alles mit, was bis dahin an elektrischen und virtuellen Mustern im Gehirn gespeichert ist. Diese Untersuchungen stützen viel mehr meine mit Argumenten aus allen Fachbereichen breit unterlegte Vorstellung, dass wir im Tod neues Ufer anschwimmen, nicht aber mit ihm untergehen.

Doch Geist UND Gehirn!

Mehrere Beobachtungen stützen wohl viel eher meine Vorstellung, dass Geist und Gehirn zwei lebenslang sehr harmonisch miteinander kooperierende Partner sind, die sich gegenseitig beeinflussen und aufbauen. Zwar ist das Gehirn äußerst plastisch, auch eine Tatsache, die vor wenigen Jahrzehnten noch völlig unbekannt war. Es kann auf neue Anforderungen adäquat und schnell mit sehr vielen neu vernetzten Zellen reagieren. Dennoch, als „materieller Gerätepark" unterliegt jedes Gehirn den physikalischen (und so energetischen) Grundsätzen.

Deshalb bleibt es immer von endlicher Natur. Dagegen kann sich der „immaterielle" Geist mit Hilfe seines Gehirns quasi unendlich entwickeln; denn Informationen sind keine Grenzen gesetzt. Diese werden zwar auch, aber keineswegs nur, im Gehirn gespeichert.[27] Am Ende stellt sich natürlich die Frage, wie Geist auf das Gehirn wirken kann, wenn er nicht, wie heute zumeist angenommen, bloß ein Produkt des Gehirns ist, womit das Gehirn selbst auch nicht als Taktgeber und Urheber von Gedanken, Antrieben, Ideen etc. infrage kommt und keineswegs mit uns und unserem ICH identisch ist?

Eine klassische physikalische, d.h. energetische Wechselwirkung, wie sie einmal René Descartes (1596-1650) annahm, muss man nach allen modernen Erkenntnissen wohl sicher ausschließen.

Der deutsche Ingenieur Ralf Otte, Leiter des Instituts für Künstliche Intelligenz und Automatisierungssysteme an der TH Ulm, hat in seinem Buch „Vorschlag einer Systemtheorie des Geistes" (2011 und 2016) einen, wie ich meine, sehr plausiblen, alternativen Vorschlag gemacht. Auch auf meinem Aachener NTE-Seminar 2017 berichtete er darüber ausführlich.[28] Prof. Otte baut dabei auf den Überlegungen zahlreicher Autoren auf, darunter auch meinen, wie ich sie schon 1999 und in mehreren Büchern Anfang der 2000er Jahre dargelegt hatte und in späteren Jahren von manch anderen Autoren manchmal ähnlich vorgeschlagen wurden (z.B. 2002 und 2007 von dem deutschen Physiker Thomas Görnitz; 2004 sowie 2005 von den US-Amerikanern Henry Stapp (Physik) und Jeffrey Schwartz (Psychiatrie); 2008 von dem niederländischen Kardiologen Pim van Lommel; 2015 von den Deutschen Imre Koncsik (Theologie) und Ralf Krüger (Psychiatrie). Alle diese Vorstellungen gehen jedoch letztlich auf die Idee des für mich bislang weltweit größten Hirnforschers, den Australier John Eccles (1903-1997) zurück. Im Jahr 1963 hatte er für die Erforschung der Signalweiterleitung durch Synapsen im Gehirn den Nobelpreis für „Physiologie oder Medizin"

---

[27] Haffelder, G., „Nahtoderfahrung aus Sicht der Hirnforschung", NTE-Tagungsband „Schnittstelle Tod - Wo stehen wir nach 40 Jahren NTE-Forschung?", 2016

[28] Otte, R., „Physikalische Grundlagen des Geistes", NTE-Tagungsband „Schnittstelle Tod - Sind Religionen religiös und Wissenschaften wissend?", 2018

bekommen. Unvergessen sind sicher seine Diskussionen mit dem österreichischen Philosophen – und lange Zeit Agnostiker – Karl Popper (1902-1994), die sie 1977 und 1982 gemeinsam in Buchform veröffentlichten.[29]

In seinem fantastischen Buch „Evolution of the Brain" (1989) – in deutscher Fassung 1994 mit dem Titel „Wie das Selbst Sein Gehirn steuert" erschienen – verweist Eccles als erster überhaupt auf die tatsächliche und bis heute von den meisten Hirnforschern kaum beachtete Mikroanatomie der äußeren Großhirnrinde.

Daraus bezog er seine völlig revolutionäre und in den 1970er Jahren sehr provokante Vorstellung, dass ein hirnunabhängiger Geist das Gehirn über Quantenprozesse steuern könnte.

Informationen werden im Gehirn, wie sonst überall auch, über Nerven weitergeleitet. Diese Informationsleitung erfolgt elektrisch, obwohl heute auch andere Überlegungen zumindest ergänzend diskutiert werden müssen (z.B. als „Mechanische Druckwelle").[30]

Nerven docken entweder an einen weiteren Nerven an oder an ein (Erfolgs-)Organ oder einen Muskel. Die Andockstelle heißt Synapse. An ihr wird der *elektrische* Impuls fast immer mit Hilfe bestimmter Substanzen (sog. Transmitter, Neurotransmitter, Überträger- oder Botenstoffe) *chemisch* übertragen. Die Transmitter werden von kleinen Bläschen (Vesikel) freigesetzt, die sich in der Nähe einer Synapse befinden. Sie überqueren dann den nur hauchdünnen „synaptischen Spalt" und reizen auf der anderen Seite zum Beispiel den nächsten Nerven, was dort zu einem neuen *elektrischen* Impuls führt. Synapsen dienen also grundsätzlich immer der Übertragung eines elektrischen Impulses von einer anatomischen Struktur auf eine andere. Im Gehirn finden sich jedoch nahe der äußeren oberen Hirnrinde (äußerer Cortex) unzählige Milliarden von Nervenenden, die einfach frei nach oben reichen und nirgendwo andocken. An ihnen wiederum befinden sich über das ganze Gehirn verteilt Billionen von Vesikeln, die alle Transmitter enthalten, jedoch ohne

---

[29] Eccles, J.C., K. Popper, „The Self and its Brain" (1977); "Das Ich und sein Gehirn" (1982)
[30] Heimburg, T., „Das Mechanische Gehirn", in Spektrum der Wissenschaft 9-2018

44

dass sie nun Signale von einem Nerv zu einem anderen übertragen. Warum aber hat das Großhirn eine derart gigantische Anzahl von „blind endenden" Nerven? Was könnte auf sie einwirken und zum Absondern ihrer unzähligen Transmitter veranlassen? Was könnte an ihnen Impulse auslösen, wenn kein anderer, damit verbundener Nerv hierfür infrage kommt?

John Eccles hatte die fantastische Idee, dass hier die Schnittstelle zwischen Geist und Gehirn liegen könnte:
Er verglich die vielen Billionen von Bläschen (Vesikel) mit kleinsten Parabolspiegeln, die Informationen aufnehmen könnten.
Dabei dachte er an Photonen, also kleinste (Licht-)Quanten, und er fragte sich damals, ob ein hirnungebundener Geist vielleicht über Quantenprozesse sein Gehirn steuern könnte? Werden diese aber gemessen, sind sie energetisch. Das Problem der Wechselwirkung würde so nicht gelöst. Ralf Otte zeigt aber, dass sich die Parallelität der beiden Welten „Geist & Materie" im Gehirn mathematisch lösen und wissenschaftlich exakt beschreiben lässt, und zwar die materielle Welt des Gewebes durch die Quantenmechanik und die geistige Welt des Mentalen durch eine zu entwickelnde, spezielle Informationsmechanik, die auf hyperkomplexen Wellenfunktionen beruht. Für Details empfehle ich die bereits zitierten Beiträge.

Wie aber kann das Geistige dann in das Materielle einwirken?
Die Quantenphysik lehrt uns, dass in der physikalischen Welt nur der Zufall den Ton angibt. Keineswegs entscheiden wir durch das Öffnen des Käfigs, ob die darin befindliche Katze Schrödingers nun stirbt oder nicht. Entweder sie lebt oder sie ist tot.
Wie ich aber auch schon sagte, führen in der physikalischen Welt Zufälle nach genügend *langer Zeit* immer wieder zu neuer Ordnung. Deshalb muss man nur weiterdenken. In zahlreichen Büchern habe ich seit 1999 immer wieder gezeigt, dass unser ganzes Universum zu immer komplexerer Ordnung von Information oder, salopp gesagt, zur Vergeistigung zu streben scheint, die zudem auf möglichst vielen Schultern breit verteilt ist. Ganz allgemein und recht spröde könnte

man auch sagen, zunächst einfache Information strebt zu *immer mehr und* dabei *komplexeren Informationsclustern.*
Oder, vielleicht mehr im Stil eines guten Marketings:
Maximale Perfektion des Geistes in zugleich maximaler Vielfalt.

Nicht der Mensch ist dabei jedoch das Ziel (auch nicht auf unserer Erde), wie viele meinen und von einem „Anthropischen Prinzip" sprechen. Nein, der sich parallel zu dem sich perfektionierenden, materiellen Gerätepark „ZNS" und mit seiner Hilfe immer weiter entwickelnde *Geist* ist tatsächlich das Ziel. Deshalb sprach ich schon vor Jahrzehnten von einem *„Neurotropischen Prinzip"* – und damit verbunden und ganz allgemein – von einem *„Infotropischen Prinzip"* als Ziel der Evolution des ganzen Universums.
In der Physik ist der Zufall der erste und wesentliche Antriebsmotor für alles, so natürlich auch für die Evolution des Universums. Genau deshalb benötigt jede Entwicklung zunächst riesige Zeiträume, bis es zu einem merklichen Voranschreiten gekommen ist. Derart riesige Zeiträume sind uns mittlerweile bekannt, auch wenn sie in Wirklichkeit noch unermesslich viel größer sein dürften, als bislang etwa mit 13,8 Milliarden Jahren seit einem Urknall angenommen.
Dem entgegen steht die im Vergleich dazu rasante Fortentwicklung unseres modernen Geistes mithilfe seines materiellen Korrelats, dem menschlichen Gehirn. Das zeigt uns, dass selbst höchst komplexe Entwicklungen in der Natur am Ende mit weit größerer Geschwindigkeit ablaufen können, vermutlich WEIL die Evolution den Zufall als ihren ersten und wichtigsten Antriebsmotor schon relativ früh „kaltzustellen" strebt.
Ich sagte es bereits, für die Entwicklung des Hufes benötigte die Evolution ca. 40 Millionen Jahre. Für das menschliche Großhirn brauchte sie dagegen nur wenige Hunderttausend Jahre. Und die geistige Entwicklung vom Steinzeitmenschen vor etwa 10.000 Jahren bis zum modernen Menschen des Informationszeitalters ist mit nur 400 Generationen, ohne dass es dabei zu wesentlichen Neuerungen an der Hardware Gehirn kam, vergleichsweise atemberaubend schnell gewesen – mit allen uns heute bekannten

Vor- und Nachteilen; denn alles hat seine zwei polar-symmetrischen Seiten so wie Yin und Yang.

Auf Basis aller bisherigen Erkenntnisse und ohne die Arroganz vieler Wissenschaftler und noch viel mehr meinungsmachender Medien sowie ohne Ignoranz von weltweit unzähligen „metaphysischen" Erfahrungen müssen wir umdenken. Prof. Otte aus Ulm hat darauf aufgebaut und eine sehr plausible Lösung vorgeschlagen:[31]

In meinem Tagungsband 2018 schreibt er, „… (auch) geistige Prozesse können nur über Zufallsprozesse …. in die Ordnung der Physik eingreifen. (Das ist übrigens auch genau der Grund, warum man diese Effekte so schwer findet.) Aber ein Einfluss über Zufallsprozesse kann eine Pseudo-Kausalität erzeugen, in der ‚normalen Physik' wird man das nicht bemerken (außer dass man anerkennt, dass es auch dort Zufall gibt), in hochgradig vernetzten Systemen ist jedoch ein quasi-kausaler Prozess möglich…"

Genau hier liegt das Entscheidende: Im unbelebten Universum der physikalischen Welt entscheidet zunächst immer allein der Zufall. Er zwingt damit oft zu unermesslich langen Zeiträumen, bis überhaupt etwas entstanden ist und sich dann „in aller zeitlichen Seelenruhe" fortentwickelt. Irgendwann aber entstehen „lebende Systeme" und schon bald „neuronal vernetzte Kommunikationssysteme" wie ein (einfaches) Nervensystem und später ein Zentrales Nervensystem.

Alles Materielle ist diskontinuierlich strukturiert, d.h. „gequantelt". Immer besteht es aus einzelnen Teilchen. Aber damit entsteht jetzt etwas völlig Neues: Diese diskontinuierlichen Strukturen lebender Systeme beginnen, sich erst allmählich und langsam, bald jedoch immer schneller und komplexer zu vernetzen. Im Laufe der Zeit entstehen so überall gewaltige Netzwerke, selbst auf jeder noch so kleinen Ebene eines lebenden Systems, also eines Lebewesens.

Damit komme ich nun auf die Aber-Milliarden Nervenfasern zurück, die in der menschlichen Großhirnrinde nach oben hin aufrecht

---

[31] Otte, R., „Physikalische Grundlagen des Geistes" im Tagungsband 2018, „Schnittstelle Tod - Sind Religionen religiös und Wissenschaften wissend?", basierend auf seinem Buch, „Vorschlag einer Systemtheorie des Geistes", Cuvillier (2016)

stehen. Auf sie hatte John Eccles schon so eindrücklich hingewiesen. An ihnen befinden sich insgesamt Billionen von Bläschen (Vesikel), die nicht einfach frei herum schwirren. Vielmehr sind sie sorgsam in speziellen Gittern (sog. Vesikelgitter) angeordnet, vergleichbar mit Eierlagen für 30 oder mehr Eier. Jedes einzelne Bläschen enthält Überträgersubstanzen (Transmitter). So liegen dort schön geordnet die Botenstoffe, die Nerven erregen und neue elektrische Impulse auslösen, welche dann weitergeleitet werden. Doch an sie dockt ja kein Nerv „von außen" an – sie enden blind. Warum also sind sie in dieser gigantischen Anzahl dort anzutreffen? Eccles sprach schon von kleinen Parabolspiegeln zum Empfang von Informationen. Gedanken könnten Quantenprozesse entsprechend der Vorschläge von Ralf Otte generieren und die in den Gittern wie die Eier in einer Eierlage eng angeordneten Bläschen zufällig zum Platzen bringen. Diese würden sich entleeren und Botenstoffe freisetzen. Folglich käme es dann zu einer „Ersterregung" der daran „nach unten" angeschlossenen Nervenendigungen im Gehirn. Dieser elektrische „Erstimpuls" würde schließlich in bekannter Weise weitergeleitet. Nur über den Zufall lässt sich eine „erste Einflussnahme" mittels des „Geistes" denken, um unzulässige energetische Wechselwirkungen auszuschließen. Sollte man aber seinen Arm mit dem in Gedanken gefassten Willen nur zufällig heben können? Natürlich nicht. Folglich muss man sich überlegen, wie hier purer Zufall nicht erst nach langer Zeit wie sonst in der Physik der unbelebten Materie, sondern sofort zur „gewünschten" Ordnung führt.

Die riesigen Vernetzungen bieten uns eine Lösung:
Spielen Sie Lotto? Bei 6 aus 49 haben Sie ohne Superzahl fast 14 Millionen Tipp-Chancen. Deshalb ist es sehr unwahrscheinlich, dass Sie 6 *„Richtige"* tippen; denn für den Hauptgewinn müssen Sie ja genau die 6 richtigen, später „gezogenen" Zahlen tippen. Nehmen wir nun an, in einem Vesikelgitter befinden sich ähnlich einer vollen „Eier-Höckerlage" 100 Bläschen, von denen sich nur 10 *beliebige* entleeren müssten, um so das ganze Gitter auf einmal zu entleeren und einen elektrischen Erstimpuls abzufeuern. Dafür gibt

es jetzt über 17 Billionen Möglichkeiten. In dieser Metapher gilt im Gegensatz zum Lottospiel, dass es hier völlig egal ist, welche Vesikel platzen. Wären die zu tippenden 6 Zahlen beim Lotto auch egal, würden Sie wohl jede Woche Millionär werden. Toll, was?

In den Vesikelgittern müssten von den hier angenommenen 100 Bläschen pro Gitter also nur 10 beliebige platzen und Botenstoffe freisetzen und schon käme es zu einem elektrischen Impuls.
Auf diese Weise könnte schon ein Gedanke durch rein zufällig ausgelöste Quantenprozesse gezielt auf das Gehirn einwirken.
Vielleicht müssten aber auch mehrere Vesikel gleichzeitig platzen und Transmitter freisetzen. Das würde die Hürden höher setzen.
Doch bei derart hohen Trefferchancen wäre das immer noch leicht zu schaffen – und so ist es ja auch, wie wir tagtäglich erfahren.
Nehmen wir nun weiter an, wie Ralf Otte 2018 in seinem Beitrag zu meinem Tagungsband schreibt, man bräuchte anschließend sogar 1.000 Nerven (Neuronen), die kurzzeitig und gleichzeitig erregt werden sollen, um den Arm wie gewünscht zu heben. Erst dann würde über die entsprechenden Zentren der Hirnrinde (motorischer Cortex und weitere) der Arm – und noch andere Abläufe – in Bewegung gesetzt werden. In einem neuronalen Netzwerk sind sie jetzt alle miteinander verbunden. Nehmen wir nun auch noch an, die Erregung von 100 beliebigen Neuronen sollte in diesem Beispiel ausreichen, um damit alle 1.000 Nerven gleichzeitig zu „zünden". Dazu gäbe es $6,3 \times 10^{139}$ Möglichkeiten und somit vermutlich mehr, als unser Universum nach heutigem Wissen Atome hat.
Folglich münzt sich nun die Wahrscheinlichkeit, was die Erregung von irgendwelchen Nerven durch puren Zufall betrifft, aufgrund ihrer extrem hohen Vernetzung untereinander zu einer geradezu „deterministischen Notwendigkeit" um. Das erste Beispiel zeigte die zunächst zwar grundsätzlich zufällige, jedoch durch die spezielle „Verbundanordnung" in demselben Vesikelgitter schon provozierte, „gezielte Erregung" einer blind endenden Nervenendigung an der äußeren Großhirnrinde. Das unterstreicht die Vorstellungen von Eccles und viel später Otte, dass nur über rein zufällige quanten-

physikalische Prozesse Information, hier ein Gedanke oder ganz allgemein Geist, auf das Gehirn schnell und gezielt einwirken kann. In der physikalischen Welt der unbelebten Natur sind unglaublich *große Zeiträume* der Schlüssel für die Wirkung von Informationen und hierüber die Entstehung von Ordnung mittels Zufällen.

In lebenden Systemen nimmt jedoch von Anfang an die stetig *wachsende Vernetzung* diese Schlüsselrolle wahr – und das viel schneller und schon sehr bald die weitere Evolution beeinflussend. Mit der nächsten Evolutionsstufe kommt es dann zu einem echten „Quantensprung": In den lebenden Systemen entstehen bald und entwickeln sich rasant und in krasser Anzahl „neuronal vernetzte Systeme". Das erspart enorm viel Zeit, da nun spezifisch und in höchst komplexem Maße „Neuronale Cluster" entstehen und die weitere Evolution mit steuern. Bei uns Menschen kulminieren sie im „Großhirn", dem zugleich jüngsten Teil des Gehirns. Auch damit dürfte jedoch die Spitze der Entwicklung noch nicht erreicht sein...

So kommt nun das zum Tragen, was ich in zahlreichen früheren Büchern seit 1999 bereits eingehend erläutert habe: *Die entscheidende Basis unserer Welt ist der „Geist" oder das „Geistige Prinzip".* Geist liegt *allem ursprünglich zugrunde und wirkt auf alles ein*; denn Geist schafft sich über die Evolution und die Entwicklung entsprechender Evolutionsmechanismen dazu bald den nötigen Weg. Das Ziel des „Geistigen Prinzips" als Basis dieser Welt ist letztlich die konsequente und stete „eigene" Differenzierung zu immer größter Perfektion in maximal möglicher Vielfalt. Allein dafür ist schon eine „zweite Ebene", die bekannte Welt der physikalischen Körper, erforderlich. Und noch ein Grund macht sie sogar zwingend notwendig: Gerade zum Erreichen „maximaler Vielfalt" müssen immer wieder „neue Geister" die Chance auf Leben erhalten.

So halten wir hier den Schlüssel in der Hand zur Akzeptanz der realen Existenz eines vom Gehirn *un*abhängigen Geistes, der am Ende eines Lebens als bis dahin gereifte „Seele" unseren Tod überleben kann, und, wie ich behaupte, natürlich auch überlebt, ja überleben muss!

Zusammenfassung, Fazit und Ausblick

Unsere Welt, das ganze Universum, ja einfach alles, von dem wir alle hier ein kleiner und dennoch sehr wichtiger Teil eines für uns unvorstellbaren Ganzen sind, ist ganz sicher aus einem Guss! Seit Menschengedenken stellen wir uns metaphysische Fragen, wie gibt es eine schöpferische Intelligenz? Gibt es einen Gott oder ganz gleich, wie wir „ihn+sie+es" nennen wollen? Gibt es einen Geist, eine geistige Dimension. Und natürlich, endet unser Leben mit dem Tod? Hat der Mensch einen freien Willen? Was ist unser „Ich"? Sind Leben und Geist nur Zufallsprodukte von Materie? Ist unser Universum wirklich durch einen Urknall entstanden? Diese Fragen und noch viele mehr beschäftigen wohl alle von uns irgendwann und irgendwie.

Naturwissenschaften und Religionen haben dazu oft verschiedene, ja nicht selten sogar sich gegenseitig ausschließende Argumente. Die Naturwissenschaften und einige damit verwandte Fachbereiche beharren viel zu oft noch auf Vorstellungen, die allein auf den Materialismus (Naturalismus) reduziert sind.

Darin haben „Gott" und ein „hirnunabhängiger Geist" genauso wenig Platz wie unser „Ich" und ein zumindest im Grundsatz „Freier Wille", geschweige denn der bestenfalls als „naive Romantik" belächelte Glaube an ein Überleben unseres Todes.

Die vielen und heute oft institutionalisierten Religionen entstanden zwar grundsätzlich auf der Basis solcher „metaphysischer" Fragen seit Menschengedenken. Doch über lange Zeiträume entwickelten sich daraus meist unüberschaubare, sehr weit verzweigte und sich oft sogar kaum deckende oder auch nur ergänzende Lehren.

In ihnen versammelt sich meist alles, was irgendwie menschlich ist. Maßgeblich sind sie geprägt von allen nur denkbaren Vorstellungen eines jeden Zeitalters seit ihrem Anbeginn. Natürlich ist auch jede Lehre allein der Menschen Werk. Kein „Gott" hat sie gemacht.

Eine genauere Betrachtung unserer Welt muss über die zahlreichen Tellerränder der verschiedenen betroffenen Fachbereiche reichen.

Eine Analyse aller maßgeblichen Wissenschafts- und Fachrichtungen sollte gleichzeitig auch jegliche Arroganz und Ignoranz gegenüber den vielen subjektiven metaphysischen Erfahrungen, die sich in einigen Fällen sogar objektiv sichern lassen, vermeiden. Dann komme ich bereits seit Jahrzehnten zu folgendem Ergebnis:

Alles in unserer Welt und somit das ganze Universum unterliegt real existenten Gesetzen, die elementar mathematischer, insbesondere geometrischer Natur sind. Sie bilden die Rahmenbedingungen für jede Entwicklung. Sie stehen hinter den „Kräften" in der Natur und steuern auch alle geheimnisvollen „Beziehungen", so zum Beispiel zwischen den Teilchen, die wir dann in einem kleinen Teil dieser Welt, den Teil, den wir die physikalische Welt nennen, wahrnehmen und als solche bezeichnen.

Alles in dieser Welt hat zwei Seiten, wobei eine die stärkere ist und eine „Art" realen Urgrund für alles darstellt. Die andere ergibt sich daraus erst. Natürlich stehen beide auf allen Ebenen miteinander in enger Beziehung und beeinflussen sich gegenseitig. Die alte und wohl weise chinesische Symbolik des Yin und Yang kennzeichnet diese Zusammenhänge für mich sehr treffend.

Der Urgrund allen beschreibbaren und real wahrnehmbaren Seins ist die Welt der Information oder des Geistes, die auch die bereits erwähnten mathematischen Rahmenbedingungen umfasst.

Seit Anbeginn der Zeit ist sie im Aufbruch zu sich selbst. Genauer gesagt, sie ist auf dem *linearen* Weg zu ihrer eigenen maximalen Differenzierung (Perfektion) in maximal möglicher Vielfalt.

Dazu – und gerade auch wegen der erforderlichen Vielfalt – wird zwingend ein weiterer Teil benötigt. Wir nennen diesen Teil die „Physikalische Welt". Da wir alle und auch all unsere Gerätschaften im Großen wie im Kleinen, also vom Teleskop bis zum Mikroskop, stets dem Aufbau nach den festen Gesetzen dieser physikalischen Welt gehorchen, haben wir große Probleme, die sie übersteigende und sie zugleich begründende Realität zu erkennen und zu akzeptieren. Letzteres ist aktuell vor allem die Folge dessen, was ich wissenschaftliche Arroganz nenne.

Der zweite, von uns als materiell bezeichnete, physikalische Teil der Welt entsteht erst aus dem ersten und wird von ihm seit je her gesteuert und im ganzen Universum untereinander „verbunden".
Einen Teil solcher „informationeller" Verbindungen interpretieren wir dann fälschlich als bloße Erscheinungsform des Materiellen.
Hierzu gehört die Deutung von physikalischen Teilchen wie etwa masseloser Informationsteilchen oder allgemein Photonen, zugleich auch als Welle (Welle-Teilchen-Dualismus in der Physik).
Genauso gehört dazu die aus meiner Sicht lächerliche Interpretation unseres Geistes als bloßes Produkt oder Epiphänomen des Gehirns.
Obendrein erklärt eine alternative Sichtweise mit Leichtigkeit und ganz elegant sämtliche Naturphänomene, die wir heute zwar mathematisch genau beschreiben können, von denen wir aber nicht wissen, warum sie wie zusammenhängen und funktionieren.
Schließlich gehört dazu auch das in der Physik so rätselhafte physikalische Phänomen der Fernwirkung verschränkter Teilchen.

Wir Menschen sind wie alles im Universum, ja eben schon wie jedes kleinste Teilchen, aus denen wir aus materieller Sicht ja schließlich auch bestehen, ein Teil beider Welten. Natürlich hat kein einziges Atom Bewusstsein, aber Bewusstsein ist ein Teil von uns; denn es ist selbst auch ein Ergebnis der Evolution des Eigentlichen, des Geistes oder einer Informationswelt, unter Nutzung der mit ihr und aus ihr erst entstandenen physikalischen Welt. In meinem Roman „Unser Schlüssel zur Ewigkeit" (2015) habe ich dazu als einfache Metapher das Bild einer Wassermühle gewählt. Sie hebt Wasser von einem niederen Niveau auf ein höheres. Und in ähnlicher Weise benötigt die „Geistige Welt" ihre „Physikalische Welt", um zunächst diese, und dann mit ihr, mittelbar und langfristig, sich selbst immer schneller, besser und gezielter, immer weiter zu entwickeln.

Unser Bewusstsein strebt – wie grundsätzlich alles Informationelle – im Laufe des Lebens *linear* aufwärts zu immer höherer Komplexität. Allein unser materielles Gehirn kann dem, da wie alle physikalischen Systeme der *zyklischen Entropie* und so dem Streben nach immer größerer Unordnung unterliegend, durch „Hardware-Fehler" wie Demenz oder Alzheimer, einen Strich durch diese Rechnung machen. Unser bewusster Geist verliert dann womöglich seine Kontrolle über den sein Leben lang zuvor nützlichen Gerätepark.

Am Ende seines den *zyklischen* Gesetzen der Physik unterworfenen, materiellen Lebens steht natürlich als Schlusspunkt der „Entropie" sein körperlicher Tod. Doch gilt dies nicht für den bis dahin *linear* gereiften Geist.
Er überlebt seinen Körper im Tod und aus seiner Perspektive auch ohne jede Zäsur. Seine bis dahin gereifte und den Tod überlebende Persönlichkeit ist die „Seele". Sie ist unvergänglich und strebt nach neuen Ufern, von denen wir keine blasse Ahnung haben und haben können, so wie metaphorisch ein Ungeborenes keine Ahnung von dem entwickeln kann, was ihn nach seiner Geburt erwarten wird.

Deshalb ist es für jeden Menschen heute immens wichtig, sein Leben möglichst immer danach auszurichten; denn auf jeden von uns warten dereinst sehr wichtige Aufgaben in einer unvorstellbar anderen Welt. Dazu wird auch und gerade gehören, sich demütig um Vergebung für die eigenen Fehlleistungen zu bemühen und sie anderen ebenso zu gewähren. Daher gilt für uns hier und im ganzen Universum zu jeder Zeit die einzig entscheidende Handlungsregel, oft auch als „Goldene Regel der Ethik" bezeichnet: „Was Du nicht willst, das man Dir tu, das füg auch keinem anderen zu".

Aktuelle Bücher von Prof. Dr. Walter van Laack in deutscher Sprache:

1. Roman:

Unser Schlüssel zur Ewigkeit
ISBN 978-3-936624-16-8, Taschenbuch (SC), 316 S. (2015), 18,00 €
ISBN 978-3-936624-27-4, E-Book (2015)

2. Sachbücher

Mit Logik die Welt begreifen
ISBN 978-3-936624-04-5, Taschenbuch (SC), 380 S., (2005), 29,80 €
ISBN 978-3-936624-07-6, Festeinband (HC), 380 S. (2005), 39,80 €
ISBN 978-3-936624-23-6, E-Book (2013)

Wer stirbt, ist nicht tot!
ISBN 978-3-936624-12-0, (SC), 272 S., (Neuauflage 2011), 24,80 €
ISBN 978-3-936624-13-7, (HC), 272 S., (Neuauflage 2011), 35,00 €
ISBN 978-3-936624-21-2, E-Book (2013)

Eine bessere Geschichte unserer Welt
Band 1, "Das Universum"
ISBN 978-3-8311-0345-4, (SC), 196 S. (2000), 15,80 €
Band 2, "Das Leben"
ISBN 978-3-8311-2114-4, (SC), 248 S., (2001), 17,80 €
Band 3, "Der Tod"
ISBN 978-3-8311-3581-3, (SC), 276 S., (2002), 19,80 €

Der Schlüssel zur Ewigkeit
ISBN 978-3-9805239-4-3, (HC), 288 S.,1. Aufl. (1999), 24,80 €
ISBN 978-3-89811-819-4, (SC) , 288 S., 2. Aufl.. (2000), 17,80 €

Plädoyer für ein Leben nach dem Tod
und eine etwas andere Sicht der Welt
ISBN 978-3-89811-818-7; (SC), 448 S., 2. Aufl. (1999/2000), 22,90 €

3. Bilinguale Sachbuchreihe, teils „Upside-Down": Vorträge&Einsichten – Lectures&Insights

Weltbilder gestern und heute – Was bleibt und worüber lacht man morgen
ISBN 978-3-36624-44-1, Taschenbuch (SC), S. (2019), 5,00 €
ISBN 978-3-936624-45-8, E-Book (2019)

Sterben und Tod aus wissenschaftlicher Sicht –
Dying and Death from a Scientific Point of View
ISBN 978-3-36624-41-0, Taschenbuch (SC), 44 S. (2018), 5,00 €
ISBN 978-3-936624-42-7, E-Book (2018)

4. Tagungsbände

Schnittstelle Tod – Sind Religionen religiös und Wissenschaften wissend?
ISBN 978-3-936624-36-6, Taschenbuch (SC), 172 S. (2018), 18 €

Schnittstelle Tod – Wo stehen wir nach 40 Jahren NTE-Forschung?
ISBN 978-3-936624-30-4, Taschenbuch (SC), 92 S., (2016), 14,00 €
ISBN 978-3-936624-32-8, E-Book (2016)

Schnittstelle Tod – Was spricht für unser Weiterleben?
ISBN 978-3-936624-19-9, Taschenbuch (SC), 100 S., (2014), 14,00 €

Schnittstelle Tod – Warum auf ein Danach vertrauen?
ISBN 978-3-936624-14-4, Taschenbuch (SC), 120 S., (2012),15,00 €

Schnittstelle Tod – Aufbruch zu neuem Leben?
ISBN 978-3-936624-10-6, Taschenbuch (SC), 148 S., (2010), 19,80 €

van Laack GmbH, Aachen, Buchverlag
(HRB-Aachen 5584)

Geschäftsführer: Prof. Dr. Walter van Laack
Gesellschafter: Dr.-Ing. Dipl.-Wirt.-Ing. Alexander van Laack,
Martin van Laack, M.Sc., Prof. Dr. med. Walter van Laack

Roermonder Str. 312, 52072 Aachen
Fax: 03212-9319310
Web: www.vanLaack-Buch.de   www.Nahtoderfahrung.info
Email: webmaster(at)van-Laack.de

Vertrieb durch: BoD, Book-on-Demand
In de Tarpen 42, 22848 Norderstedt – Fax 040-534335-84, Web:
www.bod.de – Email: info(at)bod.de